HERE'S TO YOUR SUCCESS

Jeff Keller

あなたを成功に導く方法を伝授しよう

ジェフ・ケラー

弓場隆 訳

Discover

はじめに

あなたが自己変革のどの段階にあるかに関係なく、今、こうして私の本と出会ったのには理由がある。

私はあなたを直接知っているわけではないが、これだけは確実に言える。本書には、あなたの人生を飛躍的に向上させる成功法則が満載されている。そう断言するのは、それが私の人生で役立っただけでなく、多くの人の人生を好転させてきたからだ。

１９８０年代の半ば、私は人生のターニングポイントを経験した。弁護士としての仕事に不満を感じ、すっかり落胆していた。当時、心の姿勢と成功の関係についてほとんど知らなかったが、多くの自己啓発書を読み、そこに書かれていた成功法則を実践したおかげで、素晴らしい人生を切り開くことができた。

本書は、一夜にして成功をおさめたり、努力せずに金持ちになったりする方法を説く本ではない。そもそも、この世にそんな方法は存在しない。成功には規律が必要なのだ。言い換えれば、新しい考え方と行動の指針だ。これは時間と労力をかけて習得する価値がある。本書は、その指針を紹介するために書かれている。本書の成功法則を実践すれば、社会に貢献し、幸せと成功を手に入れるうえで大いに役立つことは間違いない。

私はこの数年間、インターネットで世界中の多くの人に自己変革のメッセージを配信してきた。本書の刊行にあたり、その中からとくに好評だった51項目を厳選して収録した。要点を箇条書きにしたので、忙しい人でも素早く理解を深めることができると思う。私自身と他の人たちのエピソードも併せて紹介したので、それを参考にしながら成功法則を学んでほしい。

さらに、名言を随所に付記した。その理由は、名言が真理を簡潔に表現し、人生に対する洞察を深めるのに適しているからである。説明の余地がないほどわかりやすく、印象に残るものばかりだ。人生の達人たちが長年かかって築き上げた知恵にふれると、なるほどと感心するはずである。人生観が一瞬にして変わることもあるかもしれない。

本書の各項目はたがいに関連しているものもあるが、配列はランダムである。だから必ずしも最初から順番に読む必要はない。目次を見て興味のある項目や、全体をパラパラとめくって関心をひいた項目から読めばいい。重要だと思う箇所にはペンやマーカーでしるしをすると、あとで読み返すときに便利である。

では、本書をじっくり読んで成功法則を理解し、日々の生活の中でそれを実践して素晴らしい人生を創造してほしい。

ジェフ・ケラー

HERE'S TO YOUR SUCCESS

by Jeff Keller

あなたを成功に導く方法を伝授しよう　目次

1 新しい価値観を持つ

現代社会には悪しき風潮が蔓延している。私たちはそれを認識し、自分が少しでもあてはまるなら謙虚に反省して、それにかわる3つの新しい価値観を確立しなければならない。

① 言い訳や責任転嫁ではなく自己責任

間違った選択をしたら、その結果は自分で責任をとろう。言い訳をしたり人のせいにしたりしているかぎり、決して成功しないし、幸せにもなれない。私たちは自分の人生の主導権を握っている。自己責任を受け入れるとポジティブな変化を起こすことができる。それに対し人のせいにしているかぎり、進歩せずに現状にとどまる。

② 対決の姿勢ではなく寛容な精神

人と意見が合わなくても、うまくやっていくことができる。ところが多くの場合、意見が分かれると口論になりやすい。私たちは自分と異なる意見に対して寛容な精神で接するべきだ。多くの場合、真理は双方の意見の中間にあることを覚えておこう。

③ ネガティブな意識ではなくポジティブな意識

メディアの情報の何割がポジティブだろうか？　せいぜい1割くらいだろう。だが、それはメディアのせいではない。人びとがネガティブな情報を求めるのをやめれば、メディアはそれを提供するのをやめる。メディアのネガティブな報道に関係なく、私たちはポジティブなニュースキャスターになる必要がある。自分が持っていないものについて不平を言うのではなく、自分が持っているものに感謝しよう。他の人の欠点を批判するのではなく、その人の長所を称賛しよう。

以上の3つの新しい価値観を確立すれば、仕事と人生で成功をおさめ、有意義な人生を送るための基礎が出来上がる。

2 「できる」と信じる

心の姿勢がすべてを決める。これは私の人生哲学だ。私は心の姿勢を改善したおかげで人生が好転した。

ところが、セミナーでその話題にふれると、「たしかに心の姿勢は大切だが、それがすべてを決めるというのは大げさではないか」という反論が返ってくる。

ポジティブな心の姿勢とは何か？　まず、常に楽天的であることだ。具体的には、「できない」ではなく「できる」と信じ、限界ではなく可能性を見ることである。

もちろん、成功するためにはそれだけでは足りない。他にも大切な要素がたくさんある。だが、すべては心の姿勢から始まる。心の姿勢がポジティブであれば、次のようなさまざまな成功要因を作動させることができる。

①

自信　楽天的でなければ自信を持つことができない。自信のある人は成功を予感しながら前進する。周囲の人もその人の自信を感じ、信頼を寄せる。ネガティブな人は自分の可能性を信じないから、何事に対してもためらいがちになる。当然、そんな人は誰からも信頼されない。

②

回復力　打ちのめされたときに立ち直れるかどうかは、成否を分ける最大の要因の1つだ。ネガティブな人は、物事が予定どおりにいかないと悲観的になりやすい。それに対しポジティブな人は、一時的にがっかりすることはあっても、すぐに立ち直ってチャンスを探す。愚痴を言ったり不運を呪ったりせず、教訓を学んで挫折を乗り越える。

③

情熱　ポジティブな人はエネルギーに満ちあふれ、自分がしていることに情熱を持つ。ポジティブな人といっしょにいると、それだけで気分がよくなる。あなたはネガティブな人といっしょにいたいだろうか？　そんな人といっしょにいて気分が高揚し、やる気が出てくるだろうか？　そんなことはあるまい。

④

励まし 自分の潜在能力に気づいて活用するようになると、周囲の人の潜在能力にも気づくようになる。あなたが相手を励ますと、相手は期待にこたえようとする。その結果、あなたは優秀なリーダーになる。人を励ますことは、優秀なリーダーになるうえで不可欠な資質だ。

⑤

感謝 心の姿勢がネガティブだと、人生のうまくいっていない部分に意識が向きがちになり、人生の素晴らしさに気づかない。それに対し心の姿勢がポジティブだと、自分が受けているさまざまな恩恵に気づく。感謝の気持ちを持っている人は、あら探しをしたり愚痴を言ったりせず、仕事でもプライベートでも建設的な態度で取り組むことができる。

⑥

大局観 心の姿勢がポジティブだと、目先の不都合にこだわらず長期的な展望に立って物事を判断することができる。たとえば、お客に商品を売りそこなったからといって嘆く必要はない。次のお客に意識を向ければいいのだ。

③ 運をつくり出す

なぜ、一部の人だけが運に恵まれるのか？　彼らはいつもいいタイミングでいい場所にいる。彼らは仕事で業績をあげ、順調に昇進を果たし、事業を拡大する。一言で言うと、彼らは驚異的な成功をおさめる。何か特別なことをしているのか、たまたま運のめぐりあわせがいいだけなのか？

人びとは彼らの成功が運によるものと解釈するが、その生き方をよく観察すれば、自分で運をつくり出していることがわかる。だから、自分でつくり出した運の恩恵を受けて業績をあげ、発展を続けていると表現したほうが適切である。

自分で運をつくり出している人たちの共通点をリストアップしよう。

① 自分を信じる

私たちは心の中で最もよく考えているものを引き寄せる。だからもし成功を引き寄せたいなら、成功について最もよく考える必要がある。成功者は自分の能力を信じ、自分がどんな試練でも乗り越えて目標を達成している姿を想像する。業績をあげるためには、自分を信じ、成功に意識を集中しなければならない。

②

準備を整える　チャンスが訪れたときに準備をしていなければ、チャンスは逃げていく。成功者は心身ともに潜在能力を最大限に発揮する準備をしているのが特徴だ。彼らはチャンスが訪れる前に準備をしておく必要性を認識しているから、たえず知識を深め、健康の維持・増進に努めている。一流のスポーツ選手は運がいいように見えるかもしれないが、何年間も苦しい練習に耐えて準備をしてきたことを見落としてはいけない。

③

明確な目標を持つ　明確さは力だ。運のいい人は自分が何を達成したいのかを熟知し、最終結果を細部にいたるまで明確にイメージしている。彼らは現実にしようとしている画像にワクワクし、モチベーションを高めている。たんに「幸せになりたい」とか「成功したい」といったあいまいな目標では大きな成功は期待できない。

④ 柔軟性を持つ

現実を直視しよう。どれだけ準備をしていても、思いどおりにいかないこともある。人生に挫折はつきものだ。運のいい人は自分の進捗状況を把握し、適切なタイミングで軌道修正をする。「自分はなんて運が悪いのだ」と不平を言っている時間があるなら、その時間を活用して変化を起こしたほうが得策だ。そうすることによって、チャンスが訪れたときにそれをつかむことができる。

要するに、成功者は自分で運をつくり出しているということだ。苦難を乗り越えてノーベル賞作家となったイギリスのバーナード・ショーは、こう言っている。

「この世の中で成功する人は、行動を起こして適切な環境を探し求め、もしそれが見つからなければ、自分でそれをつくり出す」

④ 正しい行動をとる

意識するかどうかに関係なく、あなたはいつもブーメランを投げている。自分の行動という形で世の中に投げたブーメランは、いつか必ず自分に返ってくる。「まいた種は自分で刈り取れ」「与えれば、与えられる」「因果応報」「自業自得」「身から出たさび」などの格言のとおりだ。

この法則は実生活で具体的にどう作用するのか？　たとえば、人びとに愛情と尊敬を持って接すれば、人びとも愛情と尊敬を持って接してくれる。人びとに奉仕すれば、人びとも奉仕してくれる。もちろん、この法則はネガティブな行動にもあてはまる。たとえば、人を批判すれば批判されるというのがそうだ。つまり、自分の行動が自分にはね返ってくるということである。

ブーメランの法則に関する一般的な誤解を解いておこう。まず、多くの人がこの法則を信じないのは、長期的な視点に立って状況を観察していないからだ。**行動に対する結果がすぐに現れることはめったにない。**むしろ、行動と結果の間にはかなりの時差が生じることのほうが多い。

だから、人びとを助け、仕事で創造性を発揮し、家族を愛しているのにまだ見返りを得ていなくても、がっかりする必要はない。すでに恩恵を受けているのに気づいていないだけかもしれない。あるいは、やがて利息がついて大きな見返りが得られるかもしれない。

いずれにせよ、**目標に向かって粘り強く努力している人には必ず見返りが与えられる。**それが宇宙の法則だ。何も知らない周囲の人たちにしてみると、まるで当人が一夜にして成功したかのように見えるかもしれないが、実際はその人が地道に努力を積み重ねてきたことに対して相応の見返りを得ただけなのだ。

人びとがブーメランの法則をなかなか理解できないもう1つの理由は、何かをしてあげた相手から見返りが得られると思いこんでいるからだ。ところが現実にはそうならないことが多い。**見返りはいつ、どこで、どういう形で得られるかはまったくわからないが、そ**

れは必ず得られる。

この法則を理解する最もわかりやすい方法は、行動と結果を反対方向から見ることである。つまり、今、自分の人生に起きていることを見れば、自分が今まで何をしてきたかがわかるということだ。

たとえば、愛情や友情を得ていないなら、それを与えていない可能性がある。だからそれを与えれば、その見返りを自分に引き寄せることができる。

これはきわめて単純明快な原理だ。自分が与えたものは、遅かれ早かれ、なんらかの形で自分に返ってくる。自分の人生で何を手に入れるかをコントロールしているのは自分であることに気づく必要がある。そうすることによって、あなたは自分が持っている力の大きさに驚くはずだ。

今日、あなたはどんなブーメランを投げるだろうか？　その選択はあなた次第だ。

正しい思考と正しい努力は
必ず正しい結果をもたらす。
それを肝に銘じて、穏やかな心で
一生懸命に働くことが重要だ。

ジェームズ・アレン（イギリスの哲学者）

5 自分にとっての成功を定義する

多くの人が成功について話したがる。成功の定義を問えば、おそらく次のような回答が得られるだろう。

- 財産を築くこと
- 所有物を増やすこと
- 昇進すること
- 愛のある家庭を築くこと
- 立派な子どもを育てること
- 精神的に成長すること
- 社会に貢献すること

多くの人が成功はこれらの項目の組み合わせだと言うだろう。あなたはどうだろうか？
では、ここで少し時間をとって、成功についていっしょに考えてみよう。

① 自分の成功の定義を明確にする

私たちは、成功とは名声を獲得して財産を築くことだと信じさせられてきた。テレビを見れば、著名人が美化されている。高級車を所有することが成功の証しとされてきた。つまり、なんらかの所有物を持って外見的に格好がよければ成功者だというわけだ。あなたが子どものころ、親や兄弟があなたを「成功者」にするために影響を与えてきた。だが、それは彼らが考える成功の定義にすぎない。本当に重要なのは、あなたが考える成功の定義だ。

② 成功の定義は年齢とともに変わる

もしあなたが学習し人間的に成長しているなら、あなたの成功の定義はたえず変化し発展しているはずだ。あなたは若いころ、成功とはいい仕事に就いて生計を立てることだと思っていたかもしれない。年をとるにつれて、あなたの意識は仕事の意義や家族の大切さに向けられるようになる。さらに年をとると、精神的な成長にますます重きをおくようになる可能性が高い。このように成功の定義は成熟するにつれて変化する。

③ 自分の生き方と成功の定義を合致させる

私が見たところ、圧倒的多数の人が自分の成功の定義と合致しない人生を送っている。たとえば、成功とは充実した家庭生活だと定義しているのに仕事ばかりしていて家庭を顧みないなら、それは矛盾した生き方だ。大切なのは、自分の成功の定義と合致した生き方をすることだ。

おそらく今、あなたは人生における成功について考えていることだろう。私が指摘していないことについても思いをめぐらせているかもしれない。時間をとって、それを紙に書いてみよう。このエクササイズをすることによって新しい発見をし、人生が変わる可能性がある。

6 恨みを捨てる

あなたは誰かを恨んではいないだろうか？　ほとんどの人は誰かを恨み、憎んでいるのが実情だ。あなたをだました人、傷つけた人、批判した人、などなど。それは親や兄弟、友人、知人、上司、部下、同僚かもしれないし、まったく知らない人かもしれない。

自分が最も恨んでいる人を思い浮かべてみよう。その人から受けた仕打ちを考えると、たちまち不愉快になって血圧が上がってくる。これは心身の拒絶反応だ。

あなたは恨みを抱くことを当然だと思っているかもしれない。たしかに、傷つけられたら誰でも反感を抱く。だが、**恨みは相手よりも自分を害する猛毒なのだ。**さらに厄介なことに、**恨みは創造性を阻害する。アイデアが最もわいてくるのは心の中が平和なときであり、恨みや憎しみで心の中が荒れ狂っているときではない。**

あなたは「あんなことをされたら怒るのは当然だ」と反論するかもしれない。たしかにそうかもしれないが、相手を恨む「正当」な理由を並べても何の得にもならない。

どうすれば恨みを捨てることができるだろうか。その方法を紹介しよう。恨みの処理の過程は人によって異なり、すぐに捨てることができる人もいれば、時間がかかる人もいる。ただし、恨みを捨てたからといって、相手の言動を承認したり相手と交際したりする必要はない。ただたんに相手へのネガティブな感情を解き放つだけである。

①**恨んでいる人たちをリストアップする**　あなたが怒りや憎しみを感じている人たちの名前を紙に書いてみよう。些細な口論も含めれば、その人たちの多さに驚くかもしれない。

②**恨みの損得を考える**　恨みを抱いて自分がどんな得をするか、正直に紙に書いてみよう。何の得にもならないことに気づくはずだ。

③**自分の正しさにこだわらない**　心の葛藤に終止符を打つと決めた以上、自分の正

しさにこだわるのをやめて恨みを捨てることに集中しよう。心の中で相手のあやまちを非難するかぎり、いつまでたっても自分が苦しい思いをするだけだ。

④

心を開く　相手が謝るまで絶対に許さないという強硬な姿勢でいるかぎり、問題解決は至難のわざだ。相手が許してくれるのを待つのではなく、自分から積極的に相手を許そう。そのほうが早く楽になることができる。

⑤

相手に気持ちを伝える　自分が恨みを捨てていることを相手に伝えよう。電話や手紙でもいいし、直接会って自分の率直な気持ちを伝えてもいい。相手を思いやる温かい気持ちがあり、恨みと怒りを捨てるなら、相手とのコミュニケーションは想像よりもはるかにスムーズに運ぶだろう。それに対し相手との戦いに「勝利」をおさめようとするなら、さらにもっとネガティブな感情を引き起こしかねない。

⑥

手遅れになる前に行動する　人間関係の破綻、とくに肉親や友人とのそれは、まだ決定的ではない。あなたは心の中のどこかで人間関係の修復を願っているからだ。誰がいつ死ぬかわからないし、どちらかが遠方に引っ越して二度と会えなくなることもある。早いうちに関係を修復しないと、もう適切な機会がないかもしれない。相手があなたを受け入れるかどうかに関係なく、あなたが自分を癒すためにそうすべきだ。

恨みを抱くと自分を傷つけるだけだ。自分の心の中のネガティブな感情を解き放とう。そうすれば、重荷がなくなったように感じるはずだ。

⑦ 夢を持つ

あなたは自分の夢を発見しただろうか？　そしてそれをかなえる方向に前進しているだろうか？

たとえば映画では魔法のランプから魔人が出てきて空想がたちまち現実になる。だが、現実はそういうわけにはいかない。一歩ずつ着実に歩んでいかなければ夢をかなえることはできないからだ。

人によって細かい道筋は異なるが、普遍的な原理を紹介しよう。

① 発見に心を開く

あなたが夢を発見するだけでなく、夢があなたを発見することもある。私たちは他の人が選んでくれたことを追求しているにもかかわらず、自分の夢を追求していると勘違いしていることが多い。

心を開いてポジティブになるとき、あなたは特定の目標を追求したくなる。たとえそれが未知の領域で不安を感じても、それに向かって突き進みたくなる。それはあなた次第だ。

たとえば、私は初めから自己啓発の講演家と著述家になろうと思っていたわけではないが、その分野の本を読み、CDを聴いているうちにその方向に進もうという気になった。だから、心が呼びかけてきたときは懐疑的になってはいけない。多くの場合、それはあなたの独自の才能と適性を活用する道であり、社会に奉仕して貢献する方法なのだ。

② 自分の信念を改善する

ほとんどの人は物事が思いどおりにいかないと不満を感じる。だが、その原因は本人の信念にある場合が多い。

たとえば、多くの人がお金や人間関係で悩んでいるが、そういう人にかぎって「いつも月末になるとお金が足りなくなる」とか「周囲に魅力的な異性がいない」という信念を持っている。

あなたの信念は、あなたの願望を支援するものでなければならない。だから、

8 自分らしく生きる

1971年、リック・ネルソンはマジソンスクエアガーデンで開かれたジョイントコンサートでステージに立った。出番が来たとき、彼は自分の過去のヒット曲を歌った。観客は大喜びした。次に、今までと違う作風の新曲を披露した。観客はたちまちブーイングをし、露骨に不満を示した。ネルソンは傷ついて落胆した。彼はこの経験をもとに『ガーデン・パーティー』という曲をつくり、翌年の大ヒットとなった。

この曲の歌詞は重要な教訓を教えてくれている。すなわち、**私たちは他の人たちの期待どおりにする必要はないということだ。**その歌詞の中に「すべての人を喜ばせることはできない。だから自分を喜ばせよう」という有名な一節がある。

とはいえ、この曲は利己主義の勧めではない。周囲の人たちの希望を無視することを説いているのでもない。たとえ他の人たちに気に入られなくても、自分に正直になることが重要だと力説しているのだ。

ほとんどの人が世間の基準に従って生きていることは事実だ。それは必ずしも悪いことではない。社会が円滑に営まれるうえで不可欠であり、大多数の人は法律や社会のルールに従っている。実際、そうしなければ秩序だった生活は成り立たない。

だが、それがいつでも役立つとはかぎらない。それによって私たちの生活が向上しているかどうかを検証してみよう。

① 信念体系

私たちは生まれてからずっと周囲の人たちの信念体系に影響されてきた。ほとんどの場合、私たちはその信念体系を受け入れてきた。あなたの両親はポジティブな心の姿勢を持っているだろうか？　あなたはどうだろうか？

おそらく相関関係があることに気づいたはずだ。どんな信念を伝えられたにせよ、大切なのは、それが自分の人生に役立っているかどうかだ。お金、結婚、その他に関するあなたの信念は、あなたが言われてきたことの結果である場合が多い。だが今後、自分の信念に従うべきかどうかを決めるのはあなた自身だ。

② 職業選択

職業選択　私は素晴らしい両親に恵まれた。彼らは私の職業選択について指図しなかったが、１９３０年代の世界大恐慌の時代に育ったために経済的安定を重視した。だから私が大学院に行って専門職に就くことを期待していた。「学位を持っていれば、誰もそれを盗むことはできない」が口癖だった。そこで私は弁護士になることを選んだのだが、その後、自分探しをして自己啓発の講演家と著述家になった。

振り返ってみると、私は両親の価値観に従って生きていたのだ。ほとんどの場合、親は子どもを愛しているから自分が最善の道だと思う方向に進ませようとする。だが、私たちは大人として、自分以外の人の願望に従っているのか、自分の願望を追求しているのかを自問する必要がある。

③ 行動形態

行動形態　10代の青少年の行動について考えてみよう。周囲の人たちの強いプレッシャーを感じているために、彼らは自分の行動と付き合う相手について注意を払う。彼らにとって、仲間うちで人気があって受け入れられているかどうかはたいへん重要なことだ。大人も基本的にそれと同じである。人びとは自分が所属している集団のルールや序列に従う。たとえそれに反対でも和を乱したくないから黙っている。

自分がどのように世間の基準や習慣に従っているかを観察してみよう。それが自分の役に立っているなら、そうすればいい。だが、自分がどうしても抵抗を感じるなら、勇気を出して画一性を打破し、自分の道を歩むべきだ。そうすることによって、自分らしい生き方を追求することができる。

人びとは他の人たちのようになろうとして
自分の4分の3を放棄している。

アルトゥール・ショーペンハウアー（ドイツの哲学者）

9 約束を守る

あなたはどれくらい約束を守っているだろうか？　約束を守るという表現を厳密に解釈しよう。自分がすると言ったことを約束の期日までにしっかりやり遂げるということだ。次の発言について考えてみよう。

1「今日、あなたに小切手を郵送します」
2「明日、具体的なことをメールで連絡します」
3「来週、電話しますから、いっしょに食事をしましょう」

今日、以上の3つの発言をしたとする。1については、今日それを実行した場合にのみ約束を守ったことになる。翌日では約束を守ったことにならない。2についても同様だ。

翌日にメールで連絡をせず、それ以後に連絡したなら約束を守ったことにならない。3については、大多数の人が約束違反をしたことがあるはずだ。私たちは約束を守る気がないのに、「電話します」「いっしょに食事をしましょう」などと言ってしまいやすい。

あなたは「1日か2日遅れたくらい、いいじゃないか。どうせ、そんなことはたいしたことではない」と思っているかもしれない。だが、それは大問題なのだ。その理由を指摘しよう。

① 不正確な発言をするたびに自分の信用を損ねる

信用の大切さを過小評価してはいけない。人びとは信用できる人といっしょに仕事をしたいと思っている。信用できる人とは、約束をしっかり守る人のことだ。あなたがなんらかの発言をし、些細なことを実行しないなら、相手は「きっとこの人は重要なことも実行しないだろう」と思う。

② 最大限の結果を得たいなら、絶対に遅れてはいけない

あなたは「ほぼ約束どおりにしたから十分だ」と思っているかもしれない。もしそうなら、あなたが発し

ているメッセージは「あなたは私の言葉をそのまま信用することはできないが、だいたいそんなところだと思ってほしい」である。

しかし、そういうやり方では期待どおりの成功をおさめることはできない。気心の知れた間柄なら大目に見てもらえるかもしれないが、それ以外の人たちはうんざりして、あなたとは仕事をしたくないと思うようになる。

③ 自分では些細だと思っていても、相手にとっては重要かもしれない

たとえ約束の内容が生死にかかわるものでなくても、たいていの場合、相手はあなたに約束を守ってほしいと思っているはずだ。あなたが約束を守らないために相手は仕事や生活に支障をきたすおそれがあることを肝に銘じよう。

④ あなたが約束を守らないと相手にストレスを与える

私たちは自分の約束の波及効果を忘れがちだ。多くの人が私たちの約束を信用して計画を立てている。だから私たちが約束を破って彼らを失望させると、彼らも他の人たちを失望させるはめになる。

送金が典型的な例だ。あなたが期日どおり相手に送金しなければ、相手も期日どおり取引先に送金できなくなる。こうして約束不履行の連鎖が始まる。このような状況は多くの人にストレスを与えることになる。あなたはそういう問題をつくり出す元凶であってはならない。

この項目の意図は、あなたに罪悪感を与えることではない。実際、約束を100パーセントの確率で守っている人はほとんどいない。だが、その確率をできるだけ高める努力はすべきだ。

人はみな、この分野で改善の余地を残している。だから私たちは自分の現状をよく把握し、信用の向上に努めなければならない。そのための方法を紹介しよう。

①自分のすべての発言を約束と考える

この心得は人びとの協力を得て成功の確率を飛躍的に高める。だから今後、なんらかの発言をしたときは、果たすべき約束と考えよう。もし何かを実行する気がないのなら、初めから約束をしてはいけない。

②

確証が得られるまで発言の内容をトーンダウンする

たとえば、1週間かかりそうなときは「一両日中にします」と約束してはいけない。ほとんどの人はここで間違いを犯してしまう。相手が聞きたがることを言ってしまうからだ。そうすることによって相手に好印象を与えようとするのだが、あとで約束を破ったときにその好印象はもろくも崩れ去る。「忙しい」というのは何の言い訳にもならない。約束をする前に、自分は忙しいということを考慮しておくべきだ。今後、何かを約束するときは、確実に守れることに限定しよう。

③

期日を守れないなら、相手に事前に通告する

「そんなことは常識だ」とあなたは思うだろう。ところがこんな当たり前のことがよく見落とされているのが現状だ。どんなに精一杯努力しても、不可抗力な状況が発生して約束を守れないこともある。そんな場合、前もって相手に連絡をして事情をよく説明し、直近の別の期日を設定すべきだ。あなたが誠意を示せば、相手はたいてい理解を示し、あなたが当初の約束を真剣に守ろうとしていたことを評価してくれるはずだ。

相手が気づかないことを期待して黙っているというのは姑息なやり方だ。相手は必ず気づく。これはほぼ間違いない。たとえ相手が何も言わなくても、あなたを信用できない人物と見なすようになる。

常に約束を守ることによって、あなたはその他大勢から抜け出すことができる。人びとはあなたを尊敬し、あなたといっしょに仕事をしたくなるだろう。さらに、紹介も増えるはずだ。考えてみよう。あなたはどんな人と仕事をしたいだろうか？　誠実な人か不誠実な人か？

もっと大切なのは、**約束を果たすことによって自尊心を高めることができる**ということだ。誠実に行動をしている自分に対して、あなたは気分がよくなり、さらに高いレベルで仕事に励むようになる。

最後に、あなたはこの分野で自分の行動を改善する意志があるだろうか？　もしイエスと答えるなら、あなたはその約束を守るよう全力を尽くさなければならない！

10 言い訳をしない

自己責任に関して、現代社会は危機的状況に陥っている。人びとは自分の人生に責任を持ちたがらない。テレビのトーク番組を見ていると、出演者は自分の苦境を他の人のせいにし、「恋人や配偶者や親のせいで人生が台無しになった」などと主張している。「人生が台無しになったのは自分のせいです」と素直に反省している出演者を見たことがない。

困ったことに、アメリカは訴訟社会になり果てている。スーパーマーケットで転倒したら店を訴える。歩道で転倒したら自治体を訴える。これらは極端な例かもしれないが、もしどこかで転倒したら、それは所有者の責任ではなく自分が不注意だったからだ。ところが現代社会では、「うまくいかなければ、誰かを訴える」という奇妙なルールが確立してしまっているように見える。

2002年、ニューヨーク在住の56歳の男性が複数のファストフードチェーンを相手どって損害賠償請求訴訟を起こし、大きな話題になった。原告のバーバー氏は「肥満で健康被害に苦しんだのは、高脂肪の食品を食べすぎたからだ」と主張した。

だが、こんな訴訟はとうてい正当化できるものではない。マクドナルドの従業員がバーバー氏の自宅を毎日訪れて無理やりビッグマックを食べさせたのか？　もちろん、そんなことはない。バーバー氏は自分の意思で頻繁かつ大量にファストフードを食べておきながら、「心臓病と高血圧と高脂血症を患ったのは、ファストフードチェーンに責任がある」と主張して企業に責任をなすりつけたのだ。

バーバー氏は「ファストフード産業は、店頭で販売している食品が健康を損ねるおそれがあることを公表しないために、世間をあざむいている」と主張した。だが、56歳にもなって、ファストフードが健康食品だと信じていたとすれば愚の骨頂である（実際、この訴訟は裁判所によって棄却されている）。

それ以外にも、タバコを吸って健康を損なった人たちがタバコ会社を訴えるのもそうだ。あなたはその責任は誰にあると思うか？　タバコを売った会社か、健康被害を承知でタバコを吸った人か？　その次は何だろうか？　アイスクリームの食べすぎで肥満したり、ビールの飲みすぎでビール腹になったりしたら製造元を訴えるのか？　浜辺を歩いていて貝殻で足の裏をけがしたら自治体を訴えるのか？

もちろん、企業が製造物責任を果たすために潜在的な危険を警告することには大賛成だ。実際、事実を隠蔽したり、真実を歪曲したりする企業や自治体は処罰されるべきである。だが、現代社会は行きすぎている。自分の不注意であるにもかかわらず、その責任を自分以外のものになすりつけているのが現状だ。

この種の責任回避は思っている以上に大きな悪影響をおよぼしている。知らず知らずのうちに賢明な選択をする努力を怠り、それを棚に上げて、うまくいかない責任を自分以外のものになすりつけてしまうからだ。結局、努力不足のために行き詰まって、望んでいる結果を得ることができなくなる。

バーバー氏や同類の人たちを批判する前に、**私たちは自分の不適切な生き方の責任を自分以外のものになすりつける癖がついていないかどうか、自問しなければならない。**人生で何かがうまくいっていないとき、私たちは責任を持って自分で改善するのではなく、配偶者や上司、部下、同僚などの他者に責任をなすりつけている可能性がある。

あなたは自分の業績がよくないとき、不景気のせいにしていないだろうか？　運動不足の原因を忙しさのせいにしていないだろうか？　実際、ほとんどの人が人生の中でうまくいっていない部分について自分以外のもののせいにしようとする傾向がある。

もし自分ではどうしようもないと感じるなら、あっさりあきらめるか、少なくとも不平を言うのをやめるべきだ。不平を言うのはエネルギーの浪費である。

人生の何かに不満を感じていても、自分以外のものに責任をなすりつけたり言い訳をしたりしてはいけない。そんなことをしても何の役にも立たない。人はみな、自分が思っている以上の創造性を持っている。だから創造性を発揮して問題解決を図るべきだ。

偉大になるための代償は、
責任を持つことだ。

ウィンストン・チャーチル（イギリスの政治家）

自分の人生は自分で責任を持とう。
その結果、どうなるか？
とんでもないことが起こる。
誰にも責任をなすりつけることができなくなるのだ。

エリカ・ジョング（アメリカの作家）

11 エネルギッシュに過ごす

ある日、あなたがテレビのチャンネルを変えていると、テレビショッピングが興味をひいた。販売員が熱心に新製品を宣伝している。感動を隠しきれない様子だ。するとカメラは一般のユーザーに切り替わる。彼らは満面の笑みをたたえ、その製品の素晴らしさを称賛している。

あなたはチャンネルを変えるだろうか？　おそらく、ノーだ。テレビショッピングに夢中になり、すぐに電話して商品を購入したくなる。だがそのとき、ふと我に返って自問する。「こんな物を買って、いったい何の役に立つのだろう？」と。

なぜ、あなたはずっとテレビショッピングを見ていたのだろうか？　登場する人たちが発するエネルギーに魅了されていたからだ。彼らは信じられないくらい迫力があり、情熱にあふれていた。エネルギーはそれくらい大きな力を持っているのだ。

エネルギーが力を発揮するのは、誰かに商品を買ってもらおうとするときだけではない。対人関係においてもそうだ。たとえば、初対面の人たちと会食しているとしよう。左側には魅力的な外見の人が、右側には普通の外見の人がいる。

会話が始まると、魅力的な外見の人が退屈で、あまりエネルギーを持っていないことに気づく。それに対し、普通に見えた人が情熱的に話をしている。あなたはすっかり魅了される。当然だろう。

エネルギーにあふれていると、あなたは次の3つの恩恵を受ける。

・人びとはあなたといっしょに過ごしたくなる。
・人びとはあなたのアイデアを受け入れたくなる。
・人びとはあなたの商品を買いたくなる。

人はみな、自分の中に秘められた莫大なエネルギーを活用することができる。そのための指針を紹介しよう。

① **自分の大好きなことをする** エネルギーを活用する最大の秘訣は、自分の大好きなことにかかわることだ。理想的には、毎日ワクワクする分野で働くべきだ。とはいえ、今の仕事がいやならやめろと言っているのではない。たとえ趣味であっても、ワクワクする対象を見つけて、それを楽しむことが重要だ。1日中ずっと退屈なことをしていると、エネルギーが枯渇してしまう。

② **活動的になる** 活動は魔法のような力を秘めている。幼い子どもを見ていると、いつも活動していることに気づく。ところが年をとるにつれて生来の活発さを失い、エネルギーが低下する。緊張せずにリラックスし、情熱的に活動することが重要だ。

③ **健康の維持・増進に努める** これは自明のことである。不健康な食生活、不十分な休養、運動不足が重なると、エネルギーが足りなくなる。自分のエネルギーを最大化するためには体のケアを十分にしなければならない。

12 批判を最大限に活用する

批判されると傷つく。これは否定のしようがない。だが、人生で何をしようと、批判にさらされる可能性が常にある。どんなに批判を避けようとしても、なんらかの決定をしなければならない。おそらく、食事の時間や着るものといった些細な決定もあるだろう。だが、誰もがあなたの決定に賛成してくれるわけではなく、誰かが批判する。

そんなわけで、あなたは何をしても批判されることを覚悟しなければならない。そこで、批判にうまく対処し、それによって恩恵を受けるために必要な知識を伝授しよう。

① 多くの場合、批判は個人的な好みの問題にすぎない

あなたが何をしようと、それを好まない人は必ずいる。セミナーを受講した人たちからよく感想を聞くが、「講演の時間をもっと長くしてほしかった」と言う人と、「質疑応答の時間をもっ

と増やしてほしかった」と言う人など、正反対の意見があり、全員を満足させることはできない。

②

批判を個人攻撃と考えてはいけない　これは言うのは簡単だが実行するのはかなり難しい。批判する人はあなたの人間性を非難しているのではなく、あなたの考え方ややり方に不満を感じているだけだ。彼らが自分の意見を言うのは自由であり、それをどう受けとめるかは、最終的にあなたが決めることだ。

③

批判から何かを学ぶよう努める　批判の中にほんの少しでも真理を見つけよう。ほとんどの批判には一理ある。批判はぶっきらぼうで大げさなこともあるが、有益な情報が含まれているものだ。それを見つけて活用するのは、あなたの課題だ。誰かが「あなたはいつも遅刻する」と言ったとしよう。おそらくこの発言は正確ではないが、自分が遅刻しがちなら、素直に反省して時間厳守を心がけなければならない。

④ 批判した人を批判してはいけない

たとえ批判した人とそりが合わないからといって、その人の意見がまったく的はずれということにはならない。どんな人の意見でも参考にすれば、なんらかの恩恵を受けることができるはずだ。

⑤ 自己防衛をしない

批判する人に反論したくなる気持ちを抑えよう。相手の間違いを指摘して自分の正しさを証明したくなる気持ちはわかるが、そんなことをしてもあまり役に立たない。ただし、相手が見当違いのことを言ったり暴言を吐いたりした場合は例外だ。そのときは冷静さを維持し、相手のそういう態度を容認しないことを伝えるべきである。

⑥ 人びとはネガティブな部分に意識を向けがちだと理解する

批判する人が総合的な判断にもとづいて評価をくだすことはめったにない。たとえポジティブな面がたくさんあっても、ネガティブな面についてのみ指摘する場合が多い。彼らはあなたが正しくできた部分を指摘する必要がないと思っている。結局、そういう偏った姿勢が批判という形をとって現れるのだ。

⑦ 人生に不満を感じている人ほど辛らつなコメントをするという事実を認識する

繰り返すが、批判にも一面の真理を見いだして学ぶことができる。だが、人を侮辱するような悪意のある発言をする人は、精神的に不安定で不幸な人である場合が多い。彼らは誰かに狙いを定めて自分の怒りと不満をぶちまける。たまたま、あなたを標的にしただけだ。

こんな人のために落胆する必要はない。ただし、もし周囲の人たちから何度も辛らつな批判をされているなら、それは偶然ではない。あなたは自分の信念や自尊心のレベルに応じて批判を引き寄せてしまっているのだ。批判に心当たりがあるのなら反省し、周囲の人たちとうまくやっていけるように自分を変えていく必要がある。

結局、あなたが何をしても、必ず誰かが批判する。だが、批判を恐れて何もしないというのでは、いつまでたっても何もできない。批判を人生の一部と受けとめ、当たっている指摘については謙虚な姿勢でそこから教訓を学ぼう。

最も重要なのは、自分の価値観と優先事項を大切にすることだ。もし他の人がそれを気に入ってくれなくても、それがどうしたというのだろうか。

批判されたくないなら、
何もするな、何も言うな、
何にもなるな。

アリストテレス（ギリシャの哲学者）

批判は人体の痛みと同じような役割を果たす。
健全に機能していない部分に
注目させてくれるからだ。

ウィンストン・チャーチル（イギリスの政治家）

13 自尊心を高める

自尊心の大切さについては頻繁に指摘されている。当然だろう。自尊心は人生のあらゆる分野に重大な影響を与える。たとえば仕事の成功の度合いや、あなたが引き寄せる異性と人間関係の質にまで影響を与える。

自尊心とは、自分の人間としての価値を認める気持ちのことである。言い換えれば、どれくらい自分が好きで、自分を大切に思っているか、ということだ。自己啓発の作家ジャック・キャンフィールドは「自尊心は自分が有能で愛されているという気持ちにもとづく」と言っている。

自尊心の度合いを把握するには、「自分は人生で何を得るに値するか？」と自問するといい。自尊心が低く、「自分は愛されていない」と感じているなら、あなたはそれを確信させる人たちや出来事を引き寄せる。それはまるで「私は自分が好きではなく、あまり価値のない人間だ」というシグナルを発信しているかのようだ。周囲の人たちはそのシグナルを受信し、その情報にもとづいてあなたに接する。

幸い、その逆も真理である。自尊心が高く、「自分は愛されている」と感じ、「最高の人生を送るに値する」と思っているなら、あなたはそういうポジティブな感情を確信させる人たちや出来事を引き寄せる。

ここで誤解のないように指摘しておく。自尊心はうぬぼれや自己愛とは違う。うぬぼれの強い人や自慢する人は他の人を見くだす傾向があるが、それはたいへん低い自尊心の表れだ。彼らは自分をあまりよく思っていないから、その埋め合わせとして自慢をし、他の人を見くだすことによって、「自分は価値のある人間だ」と確信しようとする。

本当の自尊心とは、自分の価値を認め、自分を愛する健全でポジティブな感情のことだ。自分を本当に愛し、自分を大切に思っているなら、あなたはその愛を周囲の人たちにも与える。自分を見くださずに大切に扱う。自尊心が高ければ、人生を勝つか負けるかの非情な競争と見なさず、他の人たちをおとしめてまで「勝つ」必要性を感じない。むしろ、周囲の人たちを認めていっしょに勝つことを目ざす。

自尊心を高めることは、一夜にしてできることではなく長期にわたるプロセスである。問題は、本気でそれに取り組むかどうかだ。

自尊心を高める10のステップを紹介しよう。

① 自分を他の人と比較するのをやめる

なんらかの点であなたより上の人は必ずいる。自分を他の人と比較しているかぎり、あなたは打ち負かすことのできない多くの「敵」に出くわす。その結果、あなたは劣等感にさいなまれる。そんなことをするのではなく、自分とだけ競争をし、最高の自分になるよう努めるべきだ。あなたは唯一無二の存在であり、自分の道を歩めばいい。

② 自分を打ちのめすのをやめる

心の中で自分についてネガティブなことを言い続けているかぎり、自尊心を高めることはできない。自分の容姿や職業、人間関係、経済力、その他について考えるときは、自分を卑下するようなことを言ってはいけない。自分を卑下すると自尊心の低下につながるだけだ。

③ すべてのほめ言葉に「ありがとう」と言う

誰かにほめられて「いいえ、たいしたことではありません」と答えたことはないだろうか？　ほめ言葉を拒絶すると き、「自分は称賛に値しない」というメッセージを自分に送っている。今後、すべてのほめ言葉に対して「ありがとう」と返事をしよう。

④ 自尊心を高めるセリフを言う

小さな紙に「私は自分を受け入れる」「私は最高の人生を送る価値のある人間だ」と書いて、それを携帯しよう。毎日、それを数回繰り返すといい。朝起きたときと夜寝る前はとくに効果的だ。このセリフを言うときは、それが本当であるかのようなポジティブな気持ちを実感しよう。この練習をさらに強化するには、毎日、このセリフを紙に何度も書くといい。

⑤ 過去の成功をリストアップする

驚異的な成功である必要はない。スケートがうまくできた、学校を卒業した、賞をもらった、仕事の目標を達成したといった「小さな勝利」でいい。そのリストを頻繁に読もう。その際、目を閉じてそのときの満足感を心の中で再現しよう。

⑥ 自分の長所をリストアップする

あなたは誠実か、優しいか、利他的か、創造的か？　自分に寛大になって少なくとも20の長所を書いてみよう。ここでもそのリストを何度も読み返すことが重要だ。ほとんどの人は自分の欠点にこだわっておきながら、「なぜ人生がうまくいかないのだろうか？」と悩んでいる。自分の長所に意識を集中することによって、自分の願望を達成する可能性がはるかに高くなる。

⑦ より多く与える

お金のことではない。自分自身を周囲の人たちに与えるのだ。人のために何かをするとき、あなたは相手の人生に貢献していることを実感する。その結果、「自分は価値のある存在だ」と感じ、精神が高揚して自尊心が高まる。提案として、ボランティア活動をする、大切なことのために手を貸す、病気や逆境で苦しんでいる友人や知人を励ます、家族の誰かに協力する、などなど。

⑧ 自分の好きなことに打ち込む

大嫌いな仕事をして1日の大半を過ごしているなら高い自尊心を持つことは困難だ。自分が価値のある存在であり、喜びと満足感をもたらす仕事や活動をしているときに自尊心は育まれる。たとえ現時点で転職することが難しくても、余暇を趣味に打ち込んで過ごして楽しみと刺激を得るといい。確実に言えるのは、家の中で仕事の不平を言っていても自尊心は高まらないということだ。

⑨ 自分に正直になる

自分が選んだ人生を送ろう。肉親や友人に認められるかどうかを決定の条件にすると、自分に正直な生き方ができなくなって自尊心が低下する。自分の夢と願望を追求するとき、自尊心は飛躍的に高まる。

⑩ 行動を起こす

人生の試練を逃れるために消極的な生き方をしているかぎり、自尊心を高めることはできない。結果を恐れずに行動を起こすとき、自尊心は高まる。不安や恐怖のために前進するのをためらうとき、自尊心は大打撃を受ける。

本来のあなたは莫大な潜在能力を秘めている独自の存在であり、自分を愛し、その愛を周囲の人たちに伝える能力を持っている。**自尊心が高まると、本来のあなたが現れる。**あなたは失敗を恐れずにリスクをとり、もう他の人たちの承認を必要としなくなる。人間関係はより円満になる。あなたは喜びと満足感をもたらす活動を追求し、社会に大きく貢献する。

もっと重要なのは、高い自尊心は心の平和をもたらすということである。自分を高く評価するとき、穏やかな気持ちで過ごすことができるからだ。

14 ポジティブに考える

「私はいつもネガティブ思考のおかげで何もかもすべてうまくいっている。朝起きるのが待ちきれないくらいだ」と言う人に出会ったことが私は一度もない。おそらく、あなたもそうだろう。にもかかわらず、ポジティブ思考の効用を疑う人が多いのはどういうわけだろうか？

「現実を直視しろ」彼らは言う。「こんなご時世でポジティブになるなんて無理だ」。では、質問させてほしい。「このネガティブな世の中でさらにネガティブに考えて、どんないいことがあるのか？」と。

ネガティブ思考の作用とは何か？　気分が悪くなり、いっしょにいて不快になり、業績をかなり低迷させる。

ネガティブ思考が役に立たない理由をさらに検証しよう。まず、人はみな、「優勢的な思考の法則」に従って生きている。平たく言うと、私たちはいつも自分の思考の大部分を占める方向に進んでいるということだ。

あなたは「予言の自己成就」という概念について聞いたことがあるだろう。つまり、好むと好まざるとにかかわらず、私たちは自分が予想しているものを手に入れるということである。実際、ネガティブな結果を予想すれば、ネガティブな結果を招きやすい。

あなたも気づいていると思うが、ネガティブ思考はストレスを引き起こしてエネルギーの低下を招く。人生で大きなストレスを感じたときに体調を崩したことが何度くらいあるだろうか？

ネガティブ思考の作用についてまだ確信が持てないなら、ネガティブ思考で受けることができる恩恵を紙に書いてみるといい。おそらくないはずだ。あったとしてもごくわずかだろう。

ここで重要な指摘をしておこう。愛する人の死などの悲劇に見舞われたら悲しみを感じるのは当然だ。個人差はあるにしろ、そんな場合、誰でも喪失感にさいなまれる。当面の間はポジティブに考えることは難しいだろう。だが、そんな状況下でもネガティブ思考にいつまでも固執することは有益ではない。

あなたは自分の思考をコントロールする力を持っている。その力はあなたが思っているよりもはるかに大きい。こんな実験をしてみよう。今、好きな映画について考えてほしい。あなたはその映画の中の好きなシーンを思い浮かべているかもしれない。今度は、好きな料理について考えてほしい。何であれ、それについて考えてほしい。あなたは早く食べたくなるはずだ。さて今度は吹雪の中を出かけることについて考えてほしい。あなたは寒さで震えだしそうになる。

以上のどの場合でも、あなたは自分の思考をコントロールすることができた。あなたは一瞬にして自分の思考を切り替えた。

「ポジティブ思考は有害だ」とよく言われる。楽天家はうまくいっていないことを無視したり簡単にだまされたりしやすいというのがその根拠である。だが、ポジティブ思考は、現実を無視したり障害を考慮することを拒否したりすることではない。それどころか、楽天家はポジティブな結果を期待しつつも障害を乗り越える準備をしている。

たとえば、楽天家がもし屋外のパーティーを計画するなら、ポジティブ思考の力によって必ず晴れると確信するようなことはしない。むしろ、晴天を期待しつつも雨天の際に必要な傘やテントなどの準備をするだろう。

以上で、ネガティブ思考が何の役にも立たないことが理解できたはずだ。そこで問題は、どうすれば自分の思考をもっとポジティブにできるかである。答えは、毎日、自分の心の中に入れるものを変えることだ。できるだけ多くのネガティブなインプットを排除しよう。重要なニュースの概要を知るために数分間だけメディアを利用するのはいいが、毎日、何度も殺人や爆破などの事件の報道を見聞きする必要はない。同時に、ネガティブなインプットをポジティブなインプットと取り換えよう。毎日、ポジティブな内容の本を読み、ポジティブなCDを聞き、元気が出てきたり癒されたりする音楽を聴こう。

もう1つのテクニックを紹介しよう。自分の日ごろの言葉に注意するのだ。自分が不平やその他のネガティブなことを言っていることに気づいたら、すぐにポジティブな言葉に切り替えよう。たとえば、「私には感謝すべきことがたくさんある」と自分に言い聞かせて、それをリストアップするのだ。問題についてくどくどと文句を言ったり自分でコントロールできないことに悩んだりするのではなく、建設的な解決策に意識を向けよう。

今後、1カ月間、こんな決意をしよう。欲しくないものではなく、欲しいものについて考える。不満に感じていることではなく、感謝していることについて考える。とにかくポジティブ思考を心がけるのだ。1カ月後、ポジティブ思考を継続するかネガティブ思考に戻るかを決定しよう。どちらを選ぶかはあなた次第だ。

15 自分のパターンを変える

おそらく、あなたは自分の人生のパターンに気づいていることだろう。パターンとは、人生で何度も繰り返される状況のことだ。ポジティブなパターンもあれば、ネガティブなパターンもあっただろう。ネガティブなパターンの典型は、いろいろな上司のもとで働いてきたが、どの上司からも叱られるというのがそうだ。

自分の人生を正直に分析すれば、自分がなんらかのパターンをつくり出してきたことに気づくだろう。その中には有益なものもあれば、有害なものもあったはずだ。

ほとんどのパターンの根底には、あなたの信念（自分にできることに関する想定）と自尊心（自分に対する感じ方）がある。

お金に関する典型的なパターンの例をあげよう。自分が稼げるお金の限度額を信念として心の中で設定しているなら、どんな職業に就いても、自分の想定どおりの金額しか稼ぐことができない。同様に、もし自尊心の度合いが低いなら、仕事であれプライベートであれ、あなたを低く評価する相手とかかわることになる。

自分の人生の各分野を改善するための具体的なステップを紹介しよう。

① 自分のパターンを把握する

仕事の状態、経済状態、健康状態、仕事とプライベートでの人間関係の各分野で得た結果を振り返ろう。順調に昇進しているか、嫌いな仕事でくすぶっているか、転職を繰り返しているか、どれだろうか？　周囲の人たちに仕事を評価してもらっているか、いつもけなされているか、どちらだろうか？

② 自分の信念を検証する

自分のパターンに気づいたら、自分のどんな信念が問題を引き起こしているか自問しよう。たとえば、「お金は苦労しないと手に入らない」とか「私はいつもこき下ろされている」というネガティブな信念がそうだ。それをリストアップし、じっくり検証しよう。

③ 人や外部環境のせいにするのをやめる

好ましくないパターンが見つかったとき、親や配偶者、上司、部下、同僚を責めても何の解決にもならない。では、自分を責めるのはどうか？　残念ながら、それもよくない。そんなことをしたところで自尊心が低下するだけだ。自分のネガティブな信念のために一定のパターンを繰り返していることに気づこう。

④ 自分の言葉に注意する

心の中で自分に言っていることに気をつけよう。自分をこき下ろしたり自分の限界について表現したりする言葉は、新しいパターンの確立を妨げる。

⑤ 自分の古いパターンを支持する人たちと距離をおく

たとえば、薬物やアルコールへの依存を断ち切りたいなら、それを常習する人たちとのかかわりを持ち続けてはいけないのは自明のことだ。同様に、ネガティブ思考を断ち切りたいなら、ネガティブな人たちとかかわってはいけない。少なくともそういう人たちとのかかわりを大幅に制限すべきだ。

⑥ 新しいパターンを支持する行動を起こす

古いパターンを捨てて新しいパターンに切り替えるためには、今までとは違う新しいポジティブな行動を心がける必要がある。そうして初めて新しいパターンを自分の一部にすることができる。

自分の人生で何度も繰り返すパターンに注意を向けよう。それは偶然に起きているのではなく、あなたの心の中で起きていることを映し出している。自分にできることに関する信念を検証し、自分についての感情を改善すれば、人生を変えることができる。

16 人生の定期点検をする

もし車を所有しているなら、定期的に車検に出しているはずだ。エンジンやブレーキ、タイヤなどの点検が不可欠である。車検が終わると車はよりよい状態で機能し、あなたはより快適な運転ができる。

車が定期点検によって性能がアップするのと同様、あなたも人生の「定期点検」をすることによって恩恵を受ける。自分の人生の各分野を点検することによって、機能していない古い習慣を改善し、有益な新しい習慣を身につけることができるからだ。

定期点検の方法をリストアップしよう。

① **新しいことを学ぶ**　カルチャー講座を受講することによって、新しいことを学び、新しい人たちと出会い、ワクワクするような経験をすることができる。歴史や外

国語、社交ダンスなどを学ぶことによって自分を活性化し、学習の喜びを再発見し、視野を広げることができる。学生時代のように学習を強制されるのではなく、自分の興味があることを自主的に学ぶことはたいへん有意義である。

②

興味を失った活動に参加するのをやめる　なんらかの活動を始めても、それを生涯にわたって続ける必要はない。最初は興味があったが、ある時点で興味を失った活動もあるだろう。あなたが成長してその活動に合わなくなったのかもしれない。10年前とまったく同じ人はいないのだ。古い殻を脱ぎ捨てることによって、より興味のある活動に時間を使おう。

③

自分の活動が優先事項と一致しているか確認する　誰に優先事項を聞いても、おそらくほとんどの人が「自分の家族や健康が重要だ」と答える。問題は、自分の行動が発言と一致しない場合が多いことだ。たとえば、「家族が重要だ」と言っておきながら、家族と過ごす時間が極端に少ないのでは家族を大切にしていないことになる。あるいは、「健康が重要だ」と言っておきながらジャンクフードばかり食べていては健康を損なってしまう。自分の行動を優先事項と一致させるためには何が必要か？　そのために必要な変化を起こさないなら、いつまでたっても行動と優先事項が一致しない。

④ 他の人の夢を支援する

あらゆる機会をとらえて友人や同僚、肉親などの身近な人を支援しよう。あなたは自分の経験を通じて、新しい道を切り開いたり、新規事業を起こしたり、野心的なことを成し遂げたりするのがいかに困難かを知っているはずだ。あなたはできるだけ多くの支援を必要としていたに違いない。今度はあなたが他の人の夢を支援する番だ。相手はたいへん助かるだろう。さらに、他の人の夢の追求にかかわることで、自分の情熱にふたたび火がつき、自分の夢をさらに追求する原動力にもなる。

⑤ 自分の健康を促進し、心身のエネルギーを高める

自分の健康を最優先事項にしよう。健康に関しては、「時間がない」と言い訳をしてはいけない。自分の車のメンテナンスを怠れば、次第に性能が落ちて、やがて故障する。あなたについても

同じことが言える。定期的に時間をとってウォーキングをしたり自宅やジムで運動をしたりするように心がけよう。その結果、気分が爽快になり、仕事の効率が上がり、家庭でより快適に過ごすことができる。さらに、自分の健康管理をしっかりすることによって、自尊心を高めることができる。心身のエネルギーを高めることは、成功をおさめるうえで不可欠な要素だ。成功したいなら、健康の維持・増進を先延ばしにしてはいけない。

あなたは自分の人生の定期点検をし、その各項目に取り組む準備ができているだろうか？　自分の車の点検をしてもらうとき、修理工に手抜きをしてほしいとは思わないはずだ。同様に、あなたは自分の人生の点検をするときに手抜きをしてはいけない。自分の人生の定期点検をすることによって、身も心も魂も最高の状態で機能することを発見するだろう。

17 コミュニケーションのルールを守る

仕事でもプライベートでも、人とスムーズに情報の交換ができて喜びを感じるときがある。そんなときは双方がポジティブな感情を抱きながらコミュニケーションをしている。それに対し、意思の疎通がうまくできず、話がこじれてしまうと、悪印象を持ってその場を立ち去ることになる。

コミュニケーションの成功の要因の大部分は、意識的か無意識的に用いている方法の結果である。

コミュニケーションをするとき、あなたは大きなリスクを負っている。プライベートでポジティブな人間関係や円満な結婚生活を求めているなら、コミュニケーションの技術が、引き寄せる相手のタイプと結婚生活の充実度を大きく左右することを知っておくべきだ。

職場では、コミュニケーションがうまい人ほど尊敬され、リーダーシップを発揮する地位に就く。販売では、コミュニケーションがうまい人ほど説得力があり、顧客との信頼関係を築いて実績をあげる。

コミュニケーションの達人になるためには健全なテクニックを使うことが不可欠である。とはいえ、どんな人でも相手をうんざりさせてしまうことがあるので要注意だ。

これからコミュニケーションのルール違反をリストアップするので、よく読んで肝に銘じてほしい。今後、それを避けることによって、あなたは相手との信頼関係を築き、好印象を与え、有意義な情報交換ができるようになる。

① 相手の間違いを証明しようとする

あまりにも多くの人がコミュニケーションを議論と勘違いし、自分の正しさと相手の間違いを証明しようとする。当然、相手はあなたに間違いを証明されると憤りを感じる。逆の立場で考えてみよう。もし相手があなたの間違いを証明しようとしたら、あなたはどんな気分になるだろうか？　同僚や家族の誰かがそんなことをしたら、あなたは憤りを感じるはずだ。

にもかかわらず、私たちは自分の意見が正しいことを証明しようと躍起になることがよくある。統計まで持ちだして相手の間違いを主張したところで、得るものはほとんどない。たしかに、相手の間違いを指摘しなければならない場合もあるが、できれば勝敗を決しない形で自分の主張を明確にするほうがコミュニケーションとしては素晴らしい。

②

自分のことばかり話す

ほとんどすべての人がこの間違いを犯す。自分が会話を独占し、相手に話す機会をほとんど与えないとき、あなたは相手のことを気づかっていないというメッセージを送っている。相手は反感を抱き、今後、あなたと話したいとは思わなくなるおそれがある。

それに対し、相手の話に耳を傾けると相手は自分が大切にされていると感じる。今後、会話で自分が何割くらい話をし、何割くらい聞いているかをチェックしよう。「人間は2つの耳と1つの口を持って生まれてきた」というのはよく使われる比喩だが、やはりその比率に従って会話をするよう心がけるべきだ。自分が話す時間の2倍を聞くことに費やせば、相手は好印象を持ち、あなたと会話をするのを楽しみにするようになる。

③ 相手の話をさえぎる

これはコミュニケーションの中で最悪の間違いの1つだ。相手が話している間、次に自分が話すことを思いついて急に話し始めると、相手は侮辱されたように感じる。自分の話をしたくなっても、まず相手の話を最後まで聞いてからにしよう。

④ グループで話しているときに急に話題を変える

これは相手の話をさえぎることの一種で、やはりたいへんまずいやり方だ。あなたが最近の旅行についてみんなと話しているとき、誰かが唐突に「昨日の野球の試合は面白かったね」などと言ったら、あなたはどう感じるだろうか？　こういう人は場の空気が読めないタイプであり、自分の気分次第で話題を変えたがる。どんな動機があるにせよ、それは失礼である。

⑤ ネガティブな話ばかりする

人びとはメディアが報道するテロや凶悪犯罪、自然災害などのネガティブなニュースにたえずさらされ、プライベートでも人間関係の破綻や闘病などのネガティブな出来事を抱えている。友人や同僚とこれらのことについて話し合いたくなるかもしれないが、わざわざそんな話をする必要はない。聞かされる相手の立場になってみよう。誰だって問題を抱えて生きているのに、さらに他人の不幸話を聞かされると気分が滅入ってしまう。明るく楽しい会話を心がければ、相手はあなたと話をするのを楽しみにするようになる。

⑥ 目の前の相手よりも携帯電話を大切にする

これは近年悪化の一途をたどっている問題である。毎日24時間、誰かとつながっていたいと感じている人が増加しているのだ。彼らは携帯電話の奴隷である。会話の途中でも携帯電話のベルが鳴ると取り出してチェックする。要するに、彼らにとっては、目の前の相手より遠くの誰かのほうが大事なのだ。緊急のメッセージを想定しているとき以外は携帯電話をマナーモードにしておこう。あとでチェックする時間はいくらでもある。

⑦ 目の前の相手より「重要」な人を探す

これは人脈づくりのパーティーでよく起きる現象だ。あなたは会場で誰かと話をしていて、重要な人を見かけたと思ったらその方向に視線を向け、目の前の相手との会話を打ち切ってその人に近づく。これは相手に対する侮辱である。どうしてもそうしなければならない場合、相手に状況を説明し、あとで話の続きをするために戻ってくることを約束しよう。そして実際にその約束を果たすように心がけるべきだ。

あなたは「こういう間違いを犯していても成功している人はたくさんいるではないか」と反論するかもしれない。たしかにそうかもしれない。だが、その人たちは無作法な振舞いによって不用意に敵をつくってしまっている。だからもしコミュニケーションの技術を磨けば、さらに多くの人に尊敬され、もっと成功するだろう。

今後、以上のコミュニケーションのルールを財布に入れたり机の上に張っておいたりして常に注意するようにしよう。ついついルール違反をしてしまうから要注意だ。コミュニケーションの技術を磨けば、人びとはあなたをますます尊敬し、あなたの成功を手伝ってくれるだろう。

18 自分を大切にする

私はセミナーで「今までの人生の中で、自尊心が比較的低い状態からかなり高い状態に変化した経験のある人はどれくらいいますか？」とよく質問する。すると、１００人ほどいる中で約10人が手をあげる。

そこでその約10人に対し、「自尊心の度合いが変化したとき、それまでとかなり違う人や環境を引き寄せた人はどれくらいいますか？」と質問すると、全員が手をあげる。

「自尊心が高まった結果、具体的にどういうことがあったか説明してください」と言うと、その人たちは自分の人生で起きたポジティブな変化についてワクワクしながら話してくれる。「昇進した」「人間関係が好転した」「素晴らしい人と出会って結婚した」などなど。そういう話を聞いていると、まるでその人たちが新しい世界に足を踏み入れたかのような印象を受けるかもしれない。

話をわかりやすくするために、ここで自尊心の定義を説明しておこう。自尊心とは、自分がどれくらい好きで、自分をどれくらい大切にしているかという気持ちのことである。最も明確なのは、心理学者のナサニエル・ブランデン博士が提唱する「自分が人生の基本的な試練にうまく対処し、幸せに値すると思う感情」という定義である。

先ほど紹介した人たちの話に戻ろう。なぜ彼らの人生でポジティブな変化が起きたのか？　それは「引き寄せの法則」が働いたからだ。あなたは自分がずっと考え、自分がそれだけの価値があると感じているものを引き寄せる。あなたは自分の思考と感情に合致する状況を磁石のように引き寄せるのだ。

新しい世界に入ってより高いレベルに到達するという考え方は、自尊心の低い人や普通の人に限定されるわけではない。それは自尊心の高い人にもあてはまる。だが、自尊心をさらに高めることは可能であり、それによって人生の環境は飛躍的に高まる。

では、どうすれば自尊心を高めて引き寄せの法則を活用できるか？　いくつかのテクニックを紹介しよう。

① これまで引き寄せてきた人と環境に責任を持つ

自分の人間関係と環境が自分以外の力によるものだと信じるかぎり、あなたは現状にとどまる。それに対し、自分の現状を引き起こした責任が自分にあることを認めれば、あなたは前進するために新しい選択をし、新しい人と環境を引き寄せることができる。

② 快適空間の外に出る

たんに鏡の前に立って「自分が好きだ」と言うだけでは自尊心は育まれない。先ほど紹介したブランデン博士の定義が示しているように、自尊心には能力という要素が含まれている。あなたは人生を切り開き、自分の能力に自信を持たなければならない。

傍観者的な立場をとって自分の潜在能力を開発するのを拒んでいるかぎり、いつまでたってもくすぶったままだ。人生にはもっと多くのことを経験する機会があるのに、あなたは後ずさりをしている。こういう態度は自尊心を低下させるだけだ。

慣れ親しんだ状況から脱出して新しい挑戦をしよう。ずっとしたかったのに怖くてできなかったことに取り組もう。そうすれば、人生に挑戦している実感がわいて自尊心が高まる。

③

自分の日ごろの語彙を変える　日ごろ自分に何を言っているかが重要だ。たとえば、誰かがほめてくれたら、素直に「ありがとう」と言おう。多くの人がしているように「たいしたことはありません」と言ってほめ言葉を拒絶していると、「自分は称賛に値しない」と自分に言い聞かせていることになり、その低い自尊心を確認するような人を引き寄せることになる。

④

自分を大切にする　自分を大切にしないかぎり、誰もあなたを大切にしてくれない。だからもし誰かがあなたをこき下ろしたら、そういう言葉を受け入れないことを明確にすべきだ。とはいえ、相手の間違いを証明しようとして議論する必要はない。自分を尊敬するにつれて、暴言を吐くような人を引き寄せなくなる。あなたは高い「周波数」を発するようになり、あなたを批判する人ではなく尊敬する人を引き寄せるようになる。引き寄せの法則はこのようにして働く。

私たちはみな、磁石のような存在であり、私たちの思考と感情がなんらかの人と環境を引き寄せる。自分を大切にするようになるにつれて、あなたは可能性に満ちた新しい世界に入ることができる。ワクワクするような時間が待っているのだ。

あなたの世界は、
自分の心をどのように使っているかを
映し出す鏡である。

アール・ナイチンゲール（アメリカの自己啓発の著述家）

想像力がすべてだ。
それは人生でこれから引き寄せるものの
予告編である。

アルバート・アインシュタイン（アメリカの科学者）

19 挫折を生かす

20世紀初頭、自己啓発の大家ナポレオン・ヒルは、全米の数百人の成功者と対談した。その中には鉄鋼王アンドリュー・カーネギーや発明王トーマス・エジソン、自動車王ヘンリー・フォードなど、そうそうたる顔ぶれがそろっていた。綿密な取材を通じてわかったのは、偉人たちの成功が挫折のあとに起きていたことだった。これは興味深い発見だった。

もちろん、この原理はその逆もありうる。成功をおさめたあとに挫折することもあるからだ。ここでは、挫折のあとに成功をおさめるパターンに絞って話をしよう。

まず、スポーツを例にとって考えてみよう。

アメリカの体操選手メアリー・ルー・レットンは1984年のロサンゼルス・オリンピックに向けて何年間も厳しい規律に従い、猛練習を積んでいた。ところが、本番の6週間前に膝に大けがを負ってしまう。膝の軟骨を折って、手術が必要になったのだ。担当医は「リハビリに3カ月を要するからオリンピックの出場は無理だ」と言った。だが、メアリー・ルーは医師の予測を受け入れず、長年の夢をあきらめなかった。結局、3カ月のリハビリを3週間で終えて本番に臨み、個人総合金メダルを含めて5つのメダルを獲得した。

人生はメアリー・ルーに直前の大けがという形で挫折を経験させることによって、試練を与えたのだ。だが、彼女は驚異的な心の姿勢と自分に対する強い信念で障害を乗り越えてオリンピックの金メダリストになった。

1996年、偉大な競輪選手ランス・アームストロングはがんと診断され、生存率50パーセントの宣告を受けた。だがその後、ツール・ド・フランスで7連勝を果たした。致命的な病を克服して栄冠を勝ち取ったのは、スポーツの歴史の中で最高の偉業の1つとされている。

この原理はスポーツに限定されない。**大きな挫折を経験したあとで大きな勝利をおさめた例は枚挙にいとまがない。**

この原理はあなたの人生でも常に働いている。身近な例で考えてみよう。リストラされたあと、もっといい仕事が見つかったり自分で起業したりして成功したことはないだろうか？　あるいは、誰かとの人間関係が終わって落胆していたとき、もっといい人が見つかったことはないだろうか？

挫折したときに落胆するのは当然である。だが、そんなことで心の姿勢がネガティブになり、あきらめてはいけない。スポーツと同様、人生では成功の前に挫折を経験しなければならないことが多い。人生はあなたに試練を与えているのだ。

振り子は一方に振れる度合いに応じて正反対の方向にも同じくらい振れる。振り子が反対側に振れることを期待し、ワクワクしながら努力を続けよう。あなたには大きな成功が待っている。

人生は一連の経験であり、
その1つひとつが私たちを成長させてくれる。
世の中は人格を鍛える道場であり、
私たちは挫折と失意に耐えながら
前進することを学ばなければならない。

（ヘンリー・フォード（アメリカの実業家、フォード・モーターの創業者）

20 とりあえず着手する

私が妻と現在の家に引っ越したとき、ニューヨークは寒波に見舞われ、ガレージに雪が1メートルほど積もった。前の公道まで距離が10メートルほどあり、雪かきに要する時間と労力を想像するとため息が出た。

私はしばらくそこにたたずみ、これからしなければならない膨大な作業を思って呆然となった。だが、とにかくシャベルを持って雪かきを始めた。実際にやってみると、雪質が思ったよりやわらかく、どんどん作業がはかどった。約10分後、休憩しながら状況を確認すると進歩が実感できたので、作業を再開したときに勢いがついた。

約30分後、前の公道までのほぼ半分が終了した。30分前と違って終わりが見えてきたので、さらに雪かきをする意欲がわいてきた。結局、作業を開始して約1時間後に雪かきを終え、充実感を味わうことができた。あなたもなんらかの作業を終えたときに同様の興奮を感じたことがあるはずだ。

私は作業を終えて、この経験が目標を達成して夢をかなえる過程について多くを教えてくれていることに気づいた。

まず、どんな課題でも情熱を持って始めることが重要だ。「始めることが勝つことだ」という標語も好きだが、「耐えて継続することが勝つことだ」という信念を私は抱いている。とはいえ、やはり、始めなければ目標は達成できない。**情熱を持って始めることが重要なのは、比較的短時間で進歩を遂げて、さらに前進しようという意欲がわくからだ。**

ただし、計画も立てずに急いで課題に取りかかれと言っているのではない。事前に調査することは絶対に必要である。だが、いったん始めれば、最初の障害を取り除くことができる。たとえて言うなら、つま先をじっと水の中につけるよりも、思いきって飛び込んだほうが、気持ちが高まって勢いがつくのと同じ原理だ。つま先を水の中につけているだけなら、恐怖心のためにためらいがちになり、そのままの状態にとどまりやすい。

もちろん、それよりもっとひどいのは、口先だけで行動を起こさないことだ。悲しいことに、多くの人はそういうやり方を選んでいる。ちょうどこんな具合だ。

「いつか運動を始めるつもりだ」
「いつか本を書くつもりだ」
「いつかハワイに旅行するつもりだ」

「いつかするつもりだ」という消極的な態度は、エネルギーを奪い、前進する意欲を失わせる。シャベルを持って作業を始めたほうがどんなに効果的か。だから、いつか運動を始めるつもりなら、今日から運動しよう。いつか本を書くつもりなら、今日からパソコンで原稿を書こう。

作業を始めると、あなたはもう1つの恩恵を受ける。**当初思っていたより短い時間で目標を達成できるのだ。**たとえば、「いつかハワイに旅行するつもりだ」という思いをずっと抱いていたとしよう。その思いが心に浮かぶたびに、あなたはハワイ旅行の前に立ちふさがるすべての障害に固執していたはずだ。「お金がない」「時間がない」「精神的余裕がない」などなど。そこで、あなたはその思いにとらわれ、「いつかハワイに行きたい」という夢を持ち続けて現在にいたっている。

ハワイ旅行を実現したいなら、それよりもっといい方法がある。今、これから現地に行くような気持ちでハワイ旅行について調査を開始するのだ。インターネットで航空会社を検索し、航空料金を選び、滞在先のホテルを決定しよう。ハワイの画像を見ながら現地の勉強をすればさらにワクワクするはずだ。すると、どうだろう。今、あなたはハワイ旅行について積極的に考え、それを実現する方法を模索しているはずだ。

作業を始めると、望んでいる結果をもたらしてくれる。あなたは情熱を燃やし、作業に勢いがつく。途中で障害物に出くわしても、それを乗り越えることができる。ところが多くの人は作業を開始しない。夢を追い求める準備ができていないことを恐れているからだ。すべてが完璧にそろい、迂回も批判も失望もせずにすむまで待つ。だが、完璧な状況というのはめったにない。それは作業を開始しないことの言い訳だ。

ポジティブな心の姿勢で何かを達成しようと情熱を燃やすとき、潜在意識に課題を成し遂げるよう指示を出す。その結果、潜在意識はたいていい奇跡的な方法で課題を成し遂げる。

先延ばしにして行動を起こしていない夢や目標があるなら、今日、作業を開始しよう。

21 不屈の精神を持つ

試合の残り時間がわずかになったとき、世界中が固唾をのんだ。試合が終わったとき、実況担当のアナウンサーが「みなさん、なんという奇跡でしょうか」と叫んだ。

それは間違いなく奇跡だった。スポーツ史上に残る波乱で、『スポーツイラストレイテッド』誌は「スポーツにおける20世紀の出来事」の1つに選んでいる。1980年のレークプラシッド・オリンピックのアイスホッケーでアメリカがソ連を下した試合のことだ。その後、アメリカはその大会で金メダルを獲得した。

なぜこの出来事が「氷上の奇跡」として語り継がれているのか？　アメリカチームが倒したソ連チームは、大会直前の3カ月で42戦全勝していた最強のプロ集団だったからだ。しかもその前年、ソ連チームは全米ホッケーリーグのオールスターチームと対戦し、6対0で完封勝ちをおさめている。

それに対し、アメリカのオリンピック代表チームは大学生の選手たちの寄せ集めだった。大会直前のエキシビションゲームでアメリカチームはソ連チームに3対10で完敗している。アマチュアの大学生の選手たちが世界最強のソ連チームとまともに戦えるはずがない、ましてや勝つことなど絶対に不可能だと誰もが思った。だが、アメリカチームのコーチを務めたハーブ・ブルックスは別だった。

ブルックスは奇跡を起こせると信じていた。アメリカチームがソ連チームを破って金メダルを獲得できると確信していたのだ。当時の様子を描いた映画『ミラクル』では、主役のカート・ラッセルがブルックスを好演している。私はその映画を観たとき、どんな奇跡にも共通点があることに気づいた。

①奇跡は大きな夢の結果である

ブルックスが抱いていた夢よりも大胆な夢を想像することは難しい。大学生の選手たちを集めて無敵のソ連チームを打破しようと考えるとは、なんという大胆な発想だろうか。だが、ブルックスはそういう夢を持っていた。

多くの人は小さい夢しか思い描かず、ワクワクできずにいる。自分がワクワクし、他の人たちもワクワクさせるためには、大きな夢を思い描く必要がある。

人びとはよく、「夢を追求しようにも非現実的だからどうしようもない」と悩む。作家のリチャード・バックは「夢を見ることができれば、それを実現する力が与えられている」と言っている。だから、夢がたえず語りかけてきて、それに情熱を感じるなら、それはポジティブな兆しだ。それに対し、何かを成し遂げたいのだが、ワクワクしないなら、とくに情熱がなく、夢の実現に必要なことを進んでしたいと思っていない証しだ。

②

奇跡は才能だけでは起こせない

ブルックスが映画の中で選手たちに向かって「諸君は才能で勝てるだけの才能を持っていない」と言うシーンがある。ソ連チームがアメリカチームの大学生たちより才能があることは明らかだった。だが、最も才能がある者が常に勝つとはかぎらないことを彼は知っていた。だから、数百人の大学生のホッケー選手から選考したとき、才能のある選手たちを落として情熱のある選手たちを採用して周囲を驚かせた。

③ 奇跡は創造的思考を必要とする

北米のどのチームも従来のスタイルでソ連チームを倒そうとしていた。だが、ブルックスはそれではうまくいかないと思った。そこで従来のスタイルを捨て、まったく異なる戦略を練った。そして革新的な方法で新しいシステムを構築し、スピードと規律とコンディションづくりに励んだ。選手たちにとっては厳しい試練になることを知っていたが、彼の創造的思考は、ソ連チームを打破して金メダルを獲得するという形で結実した。

④ 奇跡は非凡な犠牲を必要とする

当然、奇跡は簡単に起こせるわけではない。ブルックスは選手たちに「ソ連チームを敗って金メダルを獲得したいなら非凡な人間になれ」と説いた。選手たちは猛練習を積んでコンディションづくりをしなければならなかった。大会の直前にチームがエキシビションゲームで手抜きをしたことを反省させるために、試合終了後、リンクでスプリントの練習を何度もさせた。特訓はリンクの照明が消えてからも続いた。奇跡を起こしたいなら、すべての試合で全力を尽くさなければならないことを教えようとしたのだ。

⑤ 奇跡はチームの努力の賜物である

奇跡を起こしたいなら、自分1人でできると思ってはいけない。人間が1人でできることなどたかが知れている。偉業は人びとが共通の目標に取り組んだ結果として成し遂げられるのだ。ブルックスは選手たちのエゴを抑え、彼らが一丸となってチームに貢献することを最優先し、そういう選手を抜擢した。

⑥ 奇跡は挫折によって触発される

若いころのハーブ・ブルックスは優秀なアイスホッケーの選手だった。だが、1960年のオリンピックチームに入ることができず、チームが金メダルを獲得したとき、その栄光に浴することができなかった。選手として金メダルを手にすることができなかった挫折が原動力となって、20年後にコーチとして金メダルを獲得することにつながったと言える。

ともすると私たちは、「奇跡は自分の人生ではなく他の人たちの人生で起こるものだ」とか「テレビや新聞に出てくるような人たちなら奇跡を起こせるが、自分は無理だ」と考えがちだ。映画『ミラクル』を観て、自分も奇跡を起こす能力があることを思い起こそう。あなたの中にはそれだけの能力が眠っているのだ。

あなたが成し遂げようとしていることが何であれ、今こそその大胆な夢に取りかかる時期かもしれない。人びとの協力を得ながら、どんな障害に出くわしてもやり抜く不屈の精神を持とう。いつか、自分が起こしている奇跡を目の当たりにすることだろう。

自分にできると思うことが何であれ、
それに取りかかれ。
大胆さはその中に天才と力と魔法を含んでいる。

ヨハン・ヴォルフガング・フォン・ゲーテ（ドイツの作家）

22 自分に関する他人の意見を尊重する

あなたは同僚から「少し疲れているようだね」と言われて驚いた。「たしかに、最近、寝不足気味なのは事実だが、誰も気づくはずがない。たった1人の意見だから、たまたまだろう」と思った。

よく考えてみよう。あなたが少し疲れているようだと感じている人たちは職場におそらく数人はいるはずだ。

同じことは髪型や外見に関する意見についてもあてはまる。たいていの場合、「新しい髪型は似合っていますね」とか「かっこいい服装ですね」というポジティブな指摘だが、同じ意見を持っている人は数人いると見ていい。

この原理は仕事の取引についてもあてはまる。1人のお客があなたの製品やサービスについてなんらかの苦情を言ったら、他の数人のお客も同じ意見を持っている可能性がきわめて高い。だからもし4、5人のお客から同じ苦情を聞いたら、かなり多くの人がそう思っていると見なさなければならない。

最後に、この考え方があなたの人間関係の技術についてどう適用されるか考えてみよう。たとえば、もしあなたが相手の話を頻繁にさえぎることを数人に指摘されたら、自分の行動をよく観察すべきだ。あるいは、心の姿勢について「不平を言うことが多い」と数人に指摘されたら、素直に反省する必要がある。

結局、私たちは自分のパターンに安らぎを感じ、自分の欠点に気づかなくなっていることが多い。他の人たちにはすぐにわかることが自分には見えていないのだ。

とはいえ、自意識過剰になる必要はないし、他の人を喜ばせるために個性を抑圧する必要もない。だが、現実を直視しよう。対面や電話、メール、手紙など形態の違いはあるにせよ、人生の大半は他の人たちとのかかわりの中で起きる。だから、目標に向かって前進したいのなら、他の人たちからどう思われているかを意識し、必要があれば改善することはきわめて重要だ。

仕事とプライベートで自己点検をするために必要なことをリストアップしよう。

①

アンテナを張りめぐらす　誰かがあなたについて何かを言うとき、たとえそれが冗談という形で表現されていても注目しよう。人は相手を批判するときにオブラートに包んでユーモラスに表現することが多い。今まで誰かに同じようなことをそれとなく言われたことがあるかどうか自問しよう。

②

自分について意見を言ってもらう　ほとんどの人にとって、これは簡単ではない。自分の本当の姿を直視したくないからだ。にもかかわらず、自分についての意見を求める必要がある。ネガティブな意見だけでなくポジティブな意見も求めよう。そうすることで長所を伸ばすことができる。

では、誰に意見を言ってもらえばいいか？　組織で働いているのなら、同僚や上司、お客に意見を求めれば参考になる。経営者なら従業員とお客の両方とコミュニケーションをすることが重要だ。外見や性格的なことについては、配偶者や友人、同僚に指摘してもらうといい。

③ 自己弁護をしない

人に意見を求めておきながら、現在の行動を正当化しようとするなら意味がない。相手の意見を変えようとしたり議論に勝とうとしたりしてはいけない。相手の意見に耳を傾けることが最善の策だ。

繰り返しになるが、重要なことなのでもう一度指摘しておく。あなたはたんに相手を喜ばせるためだけに変化を起こす必要はない。誰にも迷惑がかからないのなら、自分らしさを追求すればいい。とはいえ、現実から目をそらし、自分の現在の行動の結果を無視すればいいと言っているのではない。

誰かに意見を言ってもらい、自分の内面を見つめることは勇気がいる。だが、それをもとにたえず自己反省し、仕事とプライベートに生かすなら大きく成長することができる。欠点を改善することによって、人生における究極の幸せと成功につながることを肝に銘じよう。

どんなに事実を無視しても、
それが消えてなくなるわけではない。

オルダス・ハクスリー（イギリスの作家）

23 細部にまで気を配る

日曜の朝、私はジムでトレーニングをした帰りに有名なドラッグストアチェーンに立ち寄り、『ニューヨークタイムズ』紙の日曜版を買うことを習慣にしていた。私はその店の常連客で、そこに行くとほとんどいつも他の商品も買っていた。

ところが最近、家に帰って新聞を開けてみると、数ページが落丁していることに気づいた。しかもその次の週も同じ問題を経験した。(『ニューヨークタイムズ』紙の日曜版は雑誌くらいの分厚さで、数ページずつバラバラになったものを小売店の人が束ねて店頭に並べる。)

そこでその問題を店長に話すと、「ああ、そうですか。きっと、アルバイトの者が急いでいたのでしょう」と答えた。まるでそれが些細なことのような言い方だった。

しかし、それは些細なことではなかった。私は店長のそっけない対応に失望し、もうその店には行かなくなった。こうしてその店は細部をおろそかにしたために、1人の常連客を失ったのである。

別の例をあげよう。数年前、講演会をおこなったときのことだ。開演は午後7時半の予定だった。事前にマイクロフォンと映写機の準備を頼んでいた。会場は7時に開く予定だったが、問題が生じるといけないので早めに会場に行って技術者と打ち合わせをさせてほしいと丁重に伝えた。幸い、要望が受け入れられて午後6時に会場に行った。

機材を点検したところ、映写機が故障していた。約20分後、別の映写機が搬入されたが、それも故障していた。約15分後、さらに別の映写機が搬入されたが、今度はリモコンが故障していた。約10分後、別のリモコンを持ってきてもらい、ようやく問題が解決した。結局、7時前になって機材の準備がすべて整った。講演会は定刻どおりに始まり、成功裏に終わった。

だが、もし私が早めに会場に行っていなかったらどうなっていただろうか？　映写機を取り換えるために開演を遅らせるか、映写機を使わずに講演をするか、2つの不快な選択肢から1つを選ばざるをえなかっただろう。どちらにせよ、聴衆には迷惑をかけることになったはずだ。もしそうなっていたなら、その責任は私にある。なぜなら、自分の講演会に関して細部にまで気をくばらなかったからだ。

ともすると私たちは目立つ部分にだけ注意を向けて、細かい部分にまで気をくばるのを怠りがちだ。たとえば、レストランで素晴らしい料理を出されてもトイレが清潔でなかったら、どうなるだろうか？　事業はたちまち打撃を受けるだろう。あるいは、料理も素晴らしく、トイレも清潔だが、給仕係やレジ係が無愛想だったらどうだろうか？　お客はそれでもその店をひいきにするだろうか？　そんなことは考えられない。

ところで、それがあなたとどんな関係があるのか？　**あなたは職場でいろいろなことをする中で、些細に思えることがあるかもしれない。だが、それは想像以上に大きな影響を持っている。**だから自分の仕事の全領域を定期的に検証することが重要なのだ。

少し時間をとって、自分の仕事ぶりを点検しよう。服装はきちんとしているか？　同僚の仕事がしやすいように配慮しているか？　お客には丁寧に接しているか？　商品やサービスの説明は十分か？

たとえ些細なことのように思えても、それは会社の収益だけでなく、あなたの将来性にも大きな影響を与えることを肝に銘じよう。

私がお客なら、細部にまで気をくばってくれる人と取引をしたい。雇用主なら、細部にまで気をくばることが社運を左右することを理解している人を採用したい。

究極的に、仕事の本質とは人びとに奉仕することだ。細部をおろそかにして人びとに奉仕できると思ってはいけない。細部にまで気をくばるとき、あなたは永続的な成功の基盤を築くことができる。

成功とは、細部の集大成である。

ハーヴィー・ファイアストーン（アメリカの実業家）

細部にこだわらない人には気をつけよ。

ウィリアム・フェザー（アメリカの作家）

24 過去にとらわれない

私はセミナーのあとで数人の参加者と人生について話をするのが好きだ。ところが彼らは自己紹介をしたあと、1分もたたないうちにネガティブな経験について話しだすことが多い。「ジョンです。父はアルコール依存症でした」「マリリンです。崩壊した家庭で育ちました」と言うのだ。

あなたは「心に傷を持っている人たちにもっと優しくしてあげるべきだ」と主張するかもしれない。もちろんだ。過去の出来事についてトラウマを持っている人たちに対し、私はその経験を否定すべきだとか、自分の感情を無視すべきだなどと言うつもりはない。実際、私はそういう人たちに専門家のカウンセリングや治療を受けることを勧めている。

多くの人は自分の不快な出来事について話したがる。だが、そんなときは「このネガティブな経験にいつまで固執するつもりか？　会話の中にその話題をいつも盛り込む必要があるのか？　そうすることによって事態が好転するのか？」と自問すべきだ。

人気司会者のオプラ・ウィンフリーは、素晴らしいことを成し遂げた模範的な存在だ。すでに知っている人も多いと思うが、彼女は幼いときに性的虐待を受けた悲しい過去を持ち、「それは今でも私に影響を与えている」と語っている。

だが、彼女はそれにこだわらない。もしこだわってしまえば、成功しなかっただろう。彼女の意識の大部分は、自分が今日何をして社会にどんな貢献ができるかということに向けられている。それは彼女の選択であり、私たちが彼女から学ぶべき教訓である。

多くの人は過去に生き、自分の経験を周囲の人たちに話したがる。ところがそれは元気が出てくるポジティブな話ではなく、気分が滅入るネガティブな話になりやすい。まるで重い鉛の球が鎖でかかとに縛りつけられているかのように、いつまでも過去を引きずり、いろいろな人に苦い思い出をぶちまける。

だが、そんなことをして何の役に立つのか？　なるほど、多少の同情をしてもらうことはできるかもしれない。困ったことに、相手も「不幸話なら私にもさせて」と言い、ネガティブな会話が延々と続く。おそらくこういう話は、自分が潜在能力をぞんぶんに発揮できずに現状にとどまっていることの言い訳なのだろう。「こんなにひどいハンディキャップを背負っているなら、素晴らしいことができなくても当然だ。このままずっと現状にとどまって気楽に暮らしたい」ということなのだろう。

この現象は過去のトラウマに苦しんでいる人たちだけのことではない。たとえば、「数カ月前に不当解雇された」と言っている人たちもそうだ。彼らは自分が職場で正当に評価されていないと嘆く。

自分の不幸な経験を周囲の人に話したり心の中で考えたりすることによって、あなたはネガティブな状況を永続化して自分の足を引っ張っている。「優勢な思考の法則」によると、人間は自分の心の中の大半を占める思考の方向に進む。**だから自分の欲しくないものではなく、欲しいものに意識を向け続けることが重要なのだ。**言い換えれば、自分が意識を向けるものは拡大するということである。

自分が達成したいものと正反対のものに意識を向けることによって、人生の目標を達成することはできない。たとえば、破産のことばかり考えていては富を引き寄せることはできない。病気のことばかり考えていては健康になることはできない。

重要な指摘をしておこう。病気であれ、愛する人の死であれ、失業であれ、苦しい経験をしたなら、それがトラウマになり、その出来事に固執しがちである。周囲の人たちもそれについて聞いてくるだろう。だからそれについて話をするのは当然のことかもしれない。**だが、あなたの課題は、その悲しみをできるだけ早く乗り越えることだ。**言い換えれば、過去のネガティブな出来事について考えたり話したりするのをできるだけ早くやめるということである。

悲しみの期間がどれくらい長引くかは個人差があり、どれくらいが適当かはわからない。ただ、悲しみを乗り越えることは過去の出来事を否定することではなく、それを乗り越えてポジティブな方向に前進することだ。

今後、自分が過去のネガティブな出来事について考えたり話したりしていることに気づいたら、その習慣を断ち切ろう。過去の苦しみを思い出し、心の中でそれを再現しても何の得にもならない。なるべく早く過去を解き放ち、明るい未来を切り開こう。

25 感謝の心を持つ

この24時間で素晴らしいことが起きただろうか？　思わず歌いだしたくなるほど感謝していることは何だろうか？　この1日を振り返ってみよう。

あなたは銀行の預金口座に現金が振り込まれているかどうかを考えているのかもしれない。もしかすると、今日の郵便物の中に請求書が含まれていないことを喜んでいるかもしれない。だが、そういうレベルで考えているかぎり、本当の意味での感謝の心を持つことはできない。

あなたは昨夜、安全に寝ることができる場所に恵まれていただろうか？　今、住んでいる場所に電気・ガス・水道という基本設備は整っていて、おかげで安楽に暮らしているだろうか？

朝目覚めて青空を見て、鳥のさえずりを聞き、すがすがしさを感じただろうか？　自分が見る・聞く・感じるなどの感覚に恵まれていることに感謝しただろうか？

朝ベッドから起きて自分の足で歩いて外出しただろうか？　そういう素晴らしい経験をするだけの健康に恵まれていない人はたくさんいる。

さらに、生命を維持するには必要がなくても、日常の生活を便利にしてくれるものについてはどうだろうか？　あなたは自動車やテレビ、パソコンなどの文明の利器に感謝しているだろうか？


毎日、あなたは感謝すべきことがたくさんある。だが、それらを当然のことと思い、大切にすべき貴重なものだという認識が欠けている。もちろん、そのどれかがたとえ一時的にでもなくなったら、私たちはすぐに気づく。だが、日常生活の中でそれに対してめったに感謝していないのが実情だ。

なぜ、私はこんなに力説しているのか？　答えは簡単だ。**感謝の心を持てば持つほど気分がよくなり、リラックスし、より創造的で生産的になる。**職場であれ家庭であれ、周囲の人たちに好影響をおよぼすことができる。フィンドホーン財団の創設者アイリーン・キャディが「感謝の心を持てば、あなたは成長する。感謝の心はあなたと周囲の人たちの人生に喜びと笑いをもたらす」と言っているとおりだ。
感謝の心を持つためにできることをいくつか紹介しよう。

① 毎日、自分が受けている恩恵について考える

その秘訣は、自分が感謝していることに意識を向ける習慣をつけることだ。「自分が受けている恩恵を数えろ」と書いた紙を部屋に貼ったり財布に入れたりして1日に何度も見るといい。毎日、自分がどんなに恵まれているかを考える時間をつくろう。あなたはその効果に驚くだろう。

② 感謝の気持ちを言葉で表現する

職場や家庭での会話で、自分が出会った素晴らしい人や経験した素晴らしい出来事に対する感謝の気持ちを言葉で表現しよう。表現の自由と幸福の追求が認められている国に暮らしているなら、それに対する感謝の気持ちを人びとに伝えよう。親に電話をし、育ててくれたことに対する感謝の気持ちを表現しよう。

③ 周囲の人たちを励ます

あなたが受けている恩恵（健康、エネルギー、心の姿勢など）を活用する最高の方法の1つは、つらい思いをしている人たちとそれを共有することだ。あなたは肉親や同僚、友人、知人に手を貸すことができるだろうか？困っている人の相談に乗り、優しい言葉をかけるだけでも、相手にとっては大きな励ましになる。

感謝の心を持つことは資金を必要としないが、人生の質を大きく改善する。毎日、自分が享受している素晴らしい恩恵について思いをめぐらそう。自分が受けている恩恵を他の人たちと共有しよう。

今度、もし誰かが「今日、どんないいことがあったか？」と聞いてきたら、あなたはいくらでもポジティブな話ができるはずだ！

26 恩恵に意識を向ける

私はセミナーで白紙を持ち、その中央に小さい黒点をつけることがある。そしてそれを聴衆に示し、「何が見えますか？」と質問する。大多数の人は「小さい黒点が見えます」と答える。それに対し、「白紙が見えますが、その中央に小さい黒点も見えます」と答える人はほとんどいない。

私たちは自分の人生もこれと同じように見る傾向がある。健康で、お金を稼いで生計を立て、食べ物が十分に手に入り、余暇にレジャーを楽しんでいるにもかかわらず、そういうことにはあまり意識を向けない。自分が受けている恩恵に感謝していない証しだ。

そのかわり、私たちは小さい黒点に意識を向けてしまう。つまり、人生の中で気に入らない1割の部分だ。それに意識を向けると、心の姿勢がネガティブになって気分が滅入る。それに加えて、「引き寄せの法則」という普遍の原理が働く。つまり、自分が日ごろ最も考えているものを引き寄せるということだ。人生の中で欠乏しているものに意識を向けると、私たちはますます欠乏する経験をつくり出してしまうのである。

自分の人生について考えてみよう。**あなたはうまくいっている9割ではなく、うまくいっていない1割に意識を向けすぎていないだろうか?** 改善すべき部分を無視すべきだと言っているのではない。だが、うまくいっている9割により多くの意識を向ければ、心の姿勢がよりポジティブになり、よりよい結果に結びつくことは確かである。

仕事について、あなたはポジティブな面に意識を向けているか、給料や同僚について不平を抱いたり、自分より先に昇進した人に嫉妬したりしているか、どちらだろうか?

衣食住の必需品についてはどうだろうか? 毎日食べている食糧、着ている服、住んでいる空間に感謝しているか、あるいは当然のことと見なしているか?

自分の身体と健康について考えてみよう。ポジティブな面についてどれくらい考えているだろうか? あなたの身体はまさに奇跡だ。身体の日々の活動は当然のことと思ってはいけない。ところが、大多数の人は自分の身体の奇跡についてなんとも思わず生きているのが現状だ。

考えてみよう。毎日、心臓は約10万回も鼓動してポンプのような働きをし、約7000リットルの血液を全身に送り出している。1年では3650万回も鼓動している計算になり、しかもほとんどの場合、それを何十年も継続する。少し時間をとって、想像を絶するこの奇跡に思いをはせよう。心臓は誰にも命じられることなく自動的に機能し、全身のすみずみに血液を送り続けている。

あなたの体の中で起きている奇跡はいくらでも指摘できるが、あなたはそれらを当然のことと思っている。では、さらに論点を明確にするためにもう1つの例をあげよう。

風邪をひいて息がしづらいとき、あなたは「病気でつらい」と周囲の人に不満を漏らすだろう。ところが1週間ほどたって風邪が治り、息が普通にできるようになったとき、「呼吸ができて嬉しい。必要なだけ酸素を吸うことができる」とは言わないはずだ。いったいなぜ、息がしづらい1週間については不平を言い、1年の残りの51週間については息ができて快適であることに感謝しないのだろうか？

自分の驚異的な身体を当然のことと思うのではなく、うまく機能しているすべてのことについて感謝しよう。あなたは驚異的な宇宙の一部であり、奇跡的な存在なのだ。

冒頭の実験に話を戻そう。人生の中で小さい黒点を無視すべきではないと考える人もいるかもしれない。もしそう考えるなら、黒点について不平を言うか、黒点を除去するために建設的な行動を起こすか、２つの選択肢がある。

当然、合理的な選択肢は後者だ。ところが多くの人は前者を選んで、ますます不快な人生を送っている。

多くの人は職場や家庭の人たちの欠点ばかりを見て、その人たちから恩恵を受けたことについてはめったに考えない。社会についても同様だ。さまざまな恩恵を受けているにもかかわらず、あれやこれやと不満を漏らすことがあまりにも多い。

あなたはネガティブな面に意識を向けすぎる癖がついていないだろうか？　もしそうなら、ポジティブな面にもっと意識を向け、自分の恵まれていることに感謝しよう。そうすることによって、あなたはますます多くの恩恵を受けることができる。

生き方には2通りある。
1つは何も奇跡ではないかのように生きること、
もう1つはすべてが奇跡であるかのように
生きることだ。

アルバート・アインシュタイン（アメリカの科学者）

27 自分のエゴを抑える

誰かが自分の業績を自慢しているのを聞いて、「やれやれ、この人はエゴが強いなあ」と思ったことはないだろうか？

あなたが自分の間違いと相手の正しさを認めるまで議論し続ける人は周囲にいないだろうか？

どちらの場合でも、あなたは相手のエゴの強さにほとほとうんざりし、相手を敬遠したくなるはずだ。

ここでいうエゴとは、フロイトが提唱した精神分析学の理論とはまったく関係がない。私が言っているのは、意識的か無意識的に自分の優越性を確立しようとする心理のことである。

エゴは自己不全感を抱き、その空白を埋めようとして外部からの補強を求める。スピリチュアルの分野の著者として知られるエックハルト・トールは、「最も一般的なエゴは所有物と関係がある。仕事、社会的地位、認知、知識、教育、外見、さらに、政治、国家、人種、宗教などによる身分もそうだが、どれもあなたそのものではない」と言っている。

彼によると、これらのものは本当のあなたではなく、あなたが獲得した一時的な所有物や身分にすぎないという。

エゴが影響力を行使し、あなたの人間関係と人生の質を阻害していることをどうすれば認識できるだろうか？　エゴの典型的な兆候は次のとおりだ。

①地位にこだわる

エゴは常に社会における自分の地位について心配している。あなたは職場での地位や昇進に過度にこだわっているだろうか？　もしそうなら、それはエゴの成せるわざだ。多くの人は栄えある地位を得るためなら多大な犠牲を払う。だが、地位を追い求めるのは究極的に空疎である。

②たえず自分を他の人たちと比較する

エゴはあなたを他のすべての人たちと競争

させる。なんらかの分野でより高得点をあげれば、あなたはいくらか気分がよくなったように感じる。エゴは他の人たちよりも外見をよく見せたいとか、知性が優れていたいと思う。近所の人や同僚よりも収入や所有物が多いかどうかを比較する。だが、どんなに多くのものを手に入れ、どんなに外見をよくしても、それは永続的な満足感が得られない空しいゲームである。

③

自分が正しく、相手が間違っていると主張したがる

配偶者や友人と話していて議論になったとき、あなたは自分が正しく、相手が間違っていると断定したがるかもしれない。もし相手が自分の間違いを認めようとしないなら、あなたは自分の主張を裏づける根拠を並べる。当然、あなたの議論がどれほど理論的であっても、相手はなかなか自分の間違いを認めたがらない。

やがて相手はあなたの頑固さに憤りを感じる。たとえもしあなたが議論に勝ったとしても、あなたは負けたことになる。エゴを満足させるだけで、それ以外のメリットは何もなく、人間関係を破綻させてしまうからだ。あなたは勝敗を決することなく自分の意見を述べる方法を学ばなければならない。

④ 頻繁に人を批判する

批判したい気持ちを抑えることは難しい。たしかに、建設的な意見を述べて相手が向上するのを手伝うように配慮すべきだが、自分の優位性を確立するために相手を批判してしまいがちだ。これはエゴに由来する破壊的批判である。他の人たちをけなすことによって自分を高めることができると思っているのだ。だが、実際は自尊心の欠如を覆い隠しているだけである。

⑤ 外見に対して自意識過剰になっている

清潔な身なりを心がけることは重要である。だが、ここで言っているのはそういうことではない。たとえば、自分を実際よりもかなり若く見せるために顔を整形したり過度な厚化粧をしたりするのがそうだ。

多少のしわがあってもいいではないか。それは加齢にともなう自然な現象だ。エゴは、あなたが若々しくないと人びとの愛と尊敬を受けることができないと思っている。だが、それはナンセンスだ。たしかに、日ごろ運動をして体を鍛えることは素晴らしい。だが、その目的は自分を人びとに印象づけることではなく、より健康になって体力をつけて気分が爽快になることである。

⑥ 過去や未来に生きようとする

エゴは過去（とくにネガティブな体験）を再現し、未来を心配する。その結果、あなたは今となってはどうしようもない数カ月前、数年前、数十年前の出来事を思い出して自分を打ちのめす。あるいは、未来のことを心配し、どうすれば自分を守れるかを考える。

エゴをどうすれば抑えることができるか考えてみよう。あなたはすでに第一歩を踏み出した。自分のエゴに気づいたからだ。エゴの特徴を把握することによって、その破壊的な活動と思考パターンを軽減することができる。

たとえば、自分を他の人たちと比較していることに気づいたら、「また、こんなことをしている」と自分に言い聞かせることによって、今後、そういうことをあまりしなくなる。

エゴを抑えるもう1つの方法は、できるだけ現在に生きることだ。エゴは現在を嫌う。なぜなら、自分と向き合わなければならないからだ。**1日に少なくとも10分から15分くら**

いたった1人で過ごそう。目を閉じて呼吸に意識を集中しよう。実際にやってみると、そんなに簡単ではないことがわかるだろう。あなたの心はなかなか落ち着こうとしないからだ。だが、邪念を追い払って1分か2分すれば、心の平和を感じることができるだろう。

とはいえ、社会から隔絶して引きこもったり、1日中ずっと坐禅を組んだりする必要はない。あなたは通常どおり仕事をすればいい。ただし、自分の優位性を確立したり他の人たちをこき下ろしたりすることはもはやない。他の人たちが何をしているかを心配することなく最大限の活動をすることに集中すればいいのだ。

ここにパラドックスがある。エゴを抑えることによって、あなたは価値のあるものを手放す必要はない。それどころか、大いなる自由を手に入れ、人生のすべての分野を改善できるのだ。そのとき、心の中がたいへん平和になっていることに気づくだろう。

さらに、あなたは重い荷物（エゴの重さだ！）がなくなったように感じるはずだ。周囲の人たちはあなたとよりポジティブな付き合い方ができる。あなたはより創造的に考え、ストレスにより効果的に対処できるようになる。

あなたはエゴを抑える努力をしてよかったと思うだろう。

28 あきらめずに進む

毎朝、ひげを剃るとき、私はチューブ入りのシェービングクリームを使う。チューブは数週間も使うと平たくなる。そんなときは、「もう何も残っていない」と即断し、ゴミ箱に捨てそうになる。だが、その瞬間、「もう少し出るのではないか」と思う。

驚いたことに、シェービングクリームはまだ出る。結局、20回近く出たこともある。「もう何も残っていない」と思ってチューブを捨てようとしたのに、まだたくさん残っていたのだ。

おそらく、あなたも同様の経験をしているはずだ。チューブが空っぽに見えたとき、強くひねるとまだ何回分か残っていることに気づいた経験があるだろう。

ここに私たちが学ぶべき貴重な教訓がある。目標に向かって努力してきたにもかかわらず、思うように結果が出ないとき、私たちは「チューブの中にもう何も残っていない」と判断し、あっさりあきらめようとする。だが、実際にはチューブの中にまだ残っている。だから決してあきらめず、自分を信じて前進し続けるべきなのだ。

実際、私たちの最大の突破口は、「チューブの中にもう何も残っていない」と思ったときに開けることが多い。人生には「バランスの法則」が働き、挫折と失意を経験すると業績によって収支が合うことがよくある。だが残念なことに、ほとんどの人は逆転の前で投げ出してしまう。

『アンクルトムの小屋』の作者ハリエット・ビーチャー・ストウは、この法則についてこう言っている。

「窮地に立たされ、すべてがうまくいかず、もう1分たりとも耐えられないような状況に陥ったとき、絶対にあきらめてはいけない。なぜなら、そのとき、そこで、潮の流れが変わるのだから」

十数年前、ジャック・キャンフィールドとマーク・ビクター・ハンセンが共著を出版社に持ち込んだ。最初の30の出版社はその企画を拒絶した。だが、彼らはあきらめなかった。さらに別の出版社にも持ち込んだが、やはり断られた。34回目にしてようやく出版契約を結ぶことができたその本は、『こころのチキンスープ』というタイトルで刊行され、全世界で1億部を超える驚異的なベストセラーになった。

挫折に直面したとき、前進を続けるために自分の疑念と戦わなければならない。また、「夢をあきらめろ」と言う周囲の人たちの疑念を無視しなければならない。

元世界ヘビー級チャンピオン、ジョージ・フォアマンの例を考えてみよう。彼は40歳に近づいたとき、引退を撤回してヘビー級の王座に返り咲く決意をした。周囲の人たちは「もう年だし、体力も衰えているし、リングから遠ざかって勘も鈍っている」と言った。だが、彼は懐疑的な人たちを無視して猛練習を開始した。そしてついに1994年11月5日、45歳のジョージ・フォアマンはマイケル・モーラーを倒して20年ぶりに王座に返り咲いた。結局、他の人たちが何を言おうと関係なかった。彼は自分を信じ続けたのだ。

夢の追求をやめるべきこともあると思っている人もいるだろう。たしかに、人生ではそういうこともある。目標の達成に対して情熱がなくなり、やる気が失せてしまうこともあるだろう。情熱とやる気がなければ、チューブの中にほとんど何も残っていない。

だが、たとえ道のりは険しくても、目標の達成に対して情熱が少しでも残っているなら、やり方を見直して軌道修正が必要かどうかを検証する時期かもしれない。効果的ではないとわかっていることを続けるのは無意味である。

効果的なやり方が見つかったと確信し、目標の達成に努力と労力を傾ける決意をしたら、絶対にあきらめてはいけない。チャンスをつかむのは時間の問題だ。**もうダメだと思ったときに、道が開けてくることがよくある。**

結局、もしチューブが空っぽに思えても、まだあきらめてはいけないということだ。成功はもうすぐそこにあるかもしれないのだから。

29 規律を持つ

「規律」という言葉を聞くと、あなたは親や教師に叱られているように感じるかもしれない。軍隊の訓練を連想する人もいるだろう。規律は堅苦しい響きを持ち、なんとなくネガティブな意味合いを含んでいるような印象を受ける。

だが、学習と成長によって成功した人たちは、規律をそんなふうにはとらえない。彼らは規律をポジティブにとらえ、目標の達成を可能にしてくれる便利な習慣と考える。

この言葉の意味を詳しく調べてみよう。辞書によると、規律は「心や体を鍛えること。自分を道徳的に律すること。セルフコントロール」と定義されている。

規律とは、なんらかの有意義な習慣を形成することであり、その過程で有害な習慣を排除することだ。人はみな、習慣の生き物である。毎日、私たちはなんらかの習慣を実践し、なんらかの結果を得ている。あなたは自分が得ている結果が気に入らないかもしれないが、それはそういう結果を招く習慣を実践しているからだ。日々の習慣が、健康状態や人間関係を含めて仕事と人生の成否を分ける。

規律が人生でどう作用するか、そしてどうすればこの強力な原理を活用できるかを説明しよう。

① 規律は好結果をもたらす

お金を節約したい人は、その目標を達成することができる。痩せたい人は、痩せることができる。体を鍛えて健康になりたい人は、そうなることができる。これらはすべて規律の効用だ。努力すれば好結果を得ることができる。所要時間には個人差があるが、規律に従えば、素晴らしい結果を手に入れることができる。

② 規律は忍耐の大切さを教える

運動不足で肥満しているなら、1日目は1キロ歩けばいい。2日目は1・2キロ、3日目は1・4キロという具合に少しずつ距離を伸ばしていくと効果的だ。あなたは日々の進歩にワクワクするはずだ。3キロ歩けるようになるまで日数がかかるが、どんな目標を達成するにも時間がかかる。

一夜にして成功することはできない。ところが、あまりにも多くの人がてっとり早い解決策を求める。規律は、ゆっくりでも着実に進んでいくことが勝利につながることを教えてくれる。

③ 規律は他の分野にも波及する

規律に従っているとポジティブな結果が得られてワクワクする。たとえば、ダイエットをして最初の1カ月で5キロ痩せたら、さらに継続しようというモチベーションがわいてくる。給料の1割を貯蓄に回すようにしていれば、数カ月後には貯金がかなり増えて達成感が得られる。だが、さらにもっと大きなボーナスがある。ある分野で目覚ましい成功をおさめれば、規律の効果が実感できて別の分野でもポジティブな変化を起こそうという気になるからだ。

④ 規律は自尊心を高める

たとえば、運動をして余分な脂肪がなくなって体力がついてくると、自然と気分がよくなり、自信がわいてきて足どりが軽やかになる。自尊心が高まるとポジティブなものを引き寄せることができる。

規律に従うことは好結果をもたらすが、いつも楽しいとはかぎらない。有名なスポーツインストラクターのジャック・ラランは90歳を超えているにもかかわらず、驚異的な体力を維持している。「毎日、運動するのがそんなに好きなのか？」と質問され、笑いながら「大嫌いだ」と答えている。彼が日々の運動を欠かさないのは、それが好結果につながることを知っているからだ。

多くの人は規律を雑用のように考えている。だが、それは違う。規律とは、自由に飛躍するための秩序なのだ。

自分の人生を飛躍させる最も重要な規律を決めよう。いつかするつもりでいることがあるなら、今こそ、それを始める最適の時期だ。

たんなる欲求への服従は奴隷となることだが、
自らが課した規律への服従は
自由となることである。

ジャン・ジャック・ルソー（フランスの思想家）

30 心配にとらわれない

心配は益より害のほうが大きい。それくらい誰でも知っている。心配すると筋肉がこわばり、体に痛みが生じる。エネルギーがなくなる。

メイヨー・クリニックの創設者チャールズ・メイヨーは「心配は心臓などの循環器系とリンパ腺と神経系統全体に悪影響をおよぼす」と言っている。もっとひどいことに、心配しても状況を改善することはできない。

朗報を紹介しよう。心配事にとらわれないようにする方法があるのだ。心配しながら過ごしている時間を減らすテクニックを紹介しよう。

① 心配事と闘わない

心配事と闘えば、最後には心配事が勝つ。「抵抗すれば、それは長引く」という古い格言のとおりだ。あなたは自分に対して「心配してはいけない」「心配事はやめるべきだ」と言ったことはないだろうか？　そうすることで、あなたは落ち着いただろうか？　答えはおそらくノーだ。心配事に抵抗すれば、それは長引いたはずだ。

② 心配は自分の選択であることに気づく

心配を選択と見なすとき、心配事に費やす時間を減らす重要な一歩を踏み出すことができる。「他に選択肢があるのに、なぜ心配することを選ぶ必要があるのか？」と思えるようになるだろう。心配が選択であると気づかなかったのは、心配することが長年の習慣になっていたからだ。なんらかの刺激に対して心配するように心の姿勢を設定していたのが原因である。幸い、より建設的に考えるように心がけることによって新しい習慣を確立することができる。

③ 心をきれいにする

心配と緊張を軽減して心の平和をもたらす規律がいくつかある。瞑想や祈り、運動などがそうだ。瞑想は心配を解き放ち、現在に集中するのに役立つ。祈りは邪念を捨てて心をきれいにする効果がある。運動することによって雑念を捨てて幸福感を増大させることができる。昼間つらい思いをしても多くの心配事を抱えても、ジムで運動をしたり路上でウォーキングをしたりすることによって心が落ち着いてくる。

④ 建設的な行動をとる

私たちはなんらかのことをしてどんな結果が出るか心配しがちだ。たとえば、人前で話すことに決まったとき、その人たちがどんな反応を示すか心配になることがある。そんなときは心配するよりもスピーチの準備に時間をかけたほうが得策だ。練習すればするほど上達し、自信がわいてきてあまり心配しなくなる。

⑤ 深呼吸をする

心配していると呼吸が浅くなり、体がこわばってくる。心配していることに気づいたら、何度かゆっくり深呼吸をしよう。すぐに落ち着いてくるはずだ。

⑥ もっと気楽になる

私たちは物事が思いどおりにいかないことを心配しがちであ

る。完璧を期待し、なんとかその理想を実現しようと躍起になる。だが、そういうやり方を続けているかぎり、たえず心配することになる。いつも販売に成功している人はいない。全打席でヒットを打てる人もいない。人前でいつも完璧に話ができる人もいない。ある程度よくできたなら満足しよう。完璧でなくても心配する必要はない。最善を尽くしているなら、それで十分である。

⑦ 心配しない人と付き合う

心配しない人を見つけよう。それだけの価値はある。落ち着いている人といっしょにいると、あなたも落ち着いてくる。そういう人に心配しない秘訣を尋ねるといい。自分に合う方法があれば、それを実行しよう。

心配していると気分が滅入って好結果を得ることができない。とはいえ、一夜にして心配症を治すことはできないから、なるべくポジティブなことに意識を向けて徐々に性格を改善していくしかない。そうすることによって心身の健康が著しく促進され、物事に前向きに取り組むことができる。

私は人生の大半を心配して過ごしてきたが、
心配事のほとんどは現実にならなかった。

マーク・トウェイン（アメリカの作家）

31 断るべきことは断る

おそらく、あなたは処理しきれないほど多くの仕事を抱えているだろう。仕事だけでなくプライベートの用事もたくさんあるはずだ。そんなとき、友人から「イベントの手伝いをしてほしい」という電話がかかってきた。

あなたはこのイベントの手伝いが週末を含めて膨大な時間を要することを知っている。それを考えると暗い気分になる。あなたは心の中でノーと言っているが、どういうわけか、あなたの口から出てきた返事はイエスである。

いったいなぜ、ノーがイエスに変わったのか？　おそらく、あなたは相手をがっかりさせたくなかったのだろう。あるいは、好かれたかったのかもしれない。どんな理由にせよ、あなたはしたくないことをすることに同意した。もしかすると、あなたは仕事やプライベートでそういう経験が何度もあるかもしれない。

あなたの反論はよくわかる。上司の要求にノーと言えば、「忠誠心がない」と思われて昇進の機会を逸するかもしれない。ほとんど会っていない従兄弟の結婚式に出席しなければ、親戚から「付き合いが悪い」と陰口を言われるだろう。

たしかに、ノーと言うことによる弊害も考慮しなければならない。だが、いやなのにイエスと言うことによる弊害も考慮する必要がある。自分の人生を自分でコントロールできていないことに不満を感じるだろう。

とはいえ、私は利己主義を勧めているのではない。仕事やプライベートで自分を犠牲にする必要もある。たとえどんなにしたくないことでも、社会人として果たさなければならない責務があるからだ。

私がここで主張しているのは、**自分の価値観と優先順位を明確にする必要があるということだ。**自分の価値観と優先順位からあまりにもかけ離れた活動は、あなたの時間とエネルギーを空費し、あなたの成功の障害になりかねない。

では、イエスではなくノーと言うためには、どうすればいいか？　あらかじめ基準を設定しておくとたいへん役に立つ。そうすることによって、誰かに何かを頼まれたときに自分の判断材料になるからだ。

もっといいのは、その基準を周囲の人たちに前もって知らせておくことである。そうすれば、あなたがノーと言っても相手は驚かない。たとえば、週末は仕事をしないと決めておけば、誰かから土日に仕事を手伝ってほしいと頼まれても、「週末は自分の時間として確保することにしています」と言って丁重に断ることができる（ただし、緊急の用件は例外である）。

話が私事にわたるが、週末は私にとってたいへん重要である。健康づくりのためにジムでトレーニングに励むことにしているからだ。私はそれを自分の価値観と優先事項に合致する活動と位置づけている。

誰かが週末に何かを依頼してきたら、私はその申し出を丁重にお断りしている。週末は健康づくりを最優先し、それ以外のことで時間とエネルギーを空費したくないのである。

さらに、私は平日の夜に地域の団体や非営利組織などから講演の依頼を受けることがよくある。光栄なことだが、ほとんどの場合、丁重にお断りしている。

私は自分の基準に従って年間一定数の講演会を開催し、それ以外のことは原則としてしない。平日の夜に講演をすると、自分の家庭生活に支障をきたすからだ。

他人に「それは身勝手な理屈だ」と思われてもかまわない。私は自分の家族を何よりも大切にしたいし、今後もそういう信念を貫くつもりだ。そうすることによって、平日の夜と週末を除く普段の講演活動に全力を注ぐことができる。そしてそれによって自分の講演家としての評価を確立できることを経験的に知っている。

あなたは自分が常に相手の理不尽な要求に従い、相手のために自分を犠牲にして活動しなければ、世の中が回らないと思っているかもしれない。だが、それはナンセンスだ。遅かれ早かれ、あなたは自分が利用されたことに気づき、精神的に傷つくだろう。

結論を言おう。社会人としての責務や緊急の用件を除いて、あなたは相手の理不尽な要求にノーと言う権利がある。だから遠慮なくその権利を行使すればいい。そうすることによって、自分の価値観と優先順位に合致しない雑事から解放され、生活の質を飛躍的に向上させることができる。

32 人をほめる

あなたは自分の努力を認めて高く評価してほしいだろうか？　私はそうだ。誰かが私の本や講演が役に立ったという電話や手紙をくれたら感激する。そしてその人を記憶にとどめ、できるかぎりのお手伝いをしてあげたいと思う。

有名な心理学者ウィリアム・ジェームズは「人間の性質における最も根源的な原理は、自分を高く評価してほしいという強い願望である」と言った。もしそうなら、人びとはいつも誰かを称賛しているはずだ。ところが現実にはそうではない。

時間をとって誰かの努力をたたえる人はほとんどいないのが現状だ。人びとは店のサービスや対応が悪いとすぐに苦情を言う。だが、その人たちは素晴らしいサービスや対応をしてもらったときに、それをたたえるようなことはめったにしない。

助けてくれた人をたたえる努力を怠るとき、あなたは2つのことができない。感謝の心から来る満足感を得ることと、称賛される喜びを相手に与えることだ。

もし誰かがクライアントを紹介してくれたり貴重な書類を送ってくれたりして仕事や人生で助けてくれたなら、メールや手書きの文書で感謝の気持ちを伝えよう。場合によっては電話をかけるといい。相手は感動し、今後もあなたを助けたくなるだろう。

なぜか？　あなたは「人間における最も根源的な原理」に従い、称賛されたいという相手の願望を満たしたからだ。もし従業員が素晴らしいサービスを提供したら、それに対する称賛の気持ちを手紙に書いて、その人の上司に伝えよう。

自分が恩恵を受けたいがために相手を称賛するようなことは好ましくないが、この習慣はあなたに有利に働くことは間違いない。もしあなたの客があなたに感謝の手紙を送ってきたら、あなたは今後もその人のお手伝いをしたいという気持ちになるはずだ。

具体例で考えてみよう。あなたのお店がAさんとBさんという2人のお客にサービスを提供し、後日、Aさんからは何の連絡もなく、Bさんからは感謝の手紙が届いたとしよう。今度、この2人があなたのお店にやってきたら、たとえ同じ料金でも、あなたはBさんにより丁寧なサービスを提供したいと思うはずだ。人間とはそういうものである。

人の努力をほめるとき、その言葉は心のこもったものでなければならない。お世辞を言って見返りを得ようとしても、すぐに見透かされるだけだ。

誰かに何かをしてもらったときは、それが何であっても、その努力をほめることを習慣にしよう。これは時おりではなく毎日実行すべき習慣だ。たとえば、同僚が仕事を手伝ってくれたら、必ず心をこめてお礼を言うべきだ。

別の例を紹介しよう。飲食店で給仕係が感じのいい接客をしてくれたら、食事が終わってから本人に感謝の気持ちを伝えよう。その人の顔は明るくなり、あなたは心が温かくなるはずだ。

この習慣を確立したら、あなたはその他大勢から抜け出し、ますます成功をおさめることができる。なぜなら、成功するには人びとの協力が不可欠だからだ。あなたが人びとの努力をほめれば、彼らはあなたを助けたくなる。たとえ具体的な見返りを得なくても、あなたは人びとをほめることによって気分よく過ごすことができる。

おそらく、仕事や人生で世話になった人が何人かいるはずだ。その人たちへの感謝の気持ちを今すぐに電話かメールか手紙で伝えよう。これを習慣にすれば、あなたは人生で欲しいものをますます多く手に入れることができる。

人を励まし、
明るい気分にする努力ほど
見返りの大きな投資はない。

オリソン・スウェット・マーデン（アメリカの成功哲学の創始者）

どんなに忙しくても、
あなたは時間をとって相手に
「自分は大切にされている」と
感じさせるよう心がけなければならない。

メアリー・ケイ・アッシュ（アメリカの実業家）

33 自分の内と外のゴミを掃除する

部屋の中をきれいに掃除したり、何年間も着ていなかった服を処分したりしたときのことを思い出してほしい。そのあとでどんな気分になっただろうか？　充実感にあふれ、1日を爽快な気分で過ごしたはずだ。

周囲の環境にゴミがたまっていると、不快な気分になる。私たちのエネルギーは遮断され、創造性は抑圧される。

① 物理的なゴミ

ほとんどの人は自宅と職場にゴミを溜め込んでいる。まず、自宅の居間の使っていないものを始末しよう。ゴミの処分の目安は、1つの新しい物を採用するなら、1つの既存の物が不要になるということだ。

次に、職場の自分の机の周辺を整理しよう。日々の業務に絶対に必要なものだけを机の上に置いて、それ以外の物は処分すべきだ。溜め込んだゴミを整理して並べたり積んだりしても意味がない。不要な物は減らすことが重要なのだ。

②

精神的なゴミ

私たちの活動に支障をきたしているのは物理的なゴミだけではない。恨みや怒りなどのネガティブな感情に固執することは、精神的なゴミを溜め込むことである。

今、誰かに対して恨みを抱いていないだろうか？　もしそうなら、あなたは非生産的な状態に陥っている。ネガティブな感情にエネルギーを空費することによって、生産的な活動をするエネルギーを失っているからだ。

おそらく、あなたは自分のネガティブな感情を正当化しようとするだろう。だが、あなたは恨みや怒りを抱くことによって損をしている。なぜ、自分をみじめな気分にさせる出来事に固執するのだろうか？

恨みを捨てることが難しいと思うなら、ビクトリア・ルボロの身に起きた出来事について考えてみよう。２００４年11月、ニューヨークの路上で車を運転していたとき、対向車線の車に乗っていた17歳の少年から、約10キロの冷凍の七面鳥を投げつけられた。その結果、車のフロントガラスが大破し、彼女は顔に大けがを負った。

翌年の8月、少年は有罪を認めたが、ビクトリアはその場で裁判官に減刑を求めた。その結果、懲役20年の刑が6カ月になった。少年は法廷を出るとき、彼女に歩み寄って泣きながら謝罪した。彼女は自分に大けがを負わせた少年を寛容な精神で許したのだ。

ビクトリアは少年を許すことによって晴れ晴れとした気持ちで生きることを選んだ。生きていくうえで、恨みや怒りが障害になることを知っていたのだ。彼女が許すことで、少年も晴れ晴れとした気持ちになることができた。

ビクトリアが許すことができたのは、少年の無謀な行為が故意ではなかったからだという理屈も成り立つ。では、故意にけがを負わせた場合はどうなるか？　１９８6年7月、ニューヨークのスティーブン・マクドナルド巡査は数人の少年を呼び止めて職務質問をしたところ、その中の１人が拳銃で巡査の頭と首を撃った。巡査は病院に運ばれたが、首から下が永久に麻痺した状態になった。

入院生活は1年半にわたった。退院後、彼は犯人の少年を許した。インタビューでその理由を聞かれ、「自分を恨みと怒りから解放したかったからです」と答えた。言い換えれば、健全な精神を維持するためにネガティブな感情を捨てたのである。彼はさらに、人びとの心の姿勢をポジティブにするために行動を開始した。彼は今でも、許しと非暴力による解決策について学校で講演活動をしている。

あなたの身に起きた出来事は、彼の身に起きた出来事ほど深刻ではないだろう。彼は、首から下を永久に麻痺させる大けがを負わせた人物を許すことができた。それなら、あなたも自分の心身に苦痛を与えるようなことをした人を許すことができるのではないか。

あなたが相手を許すのは、恨みと怒りのようなネガティブな感情から自分を解放するためである。だから相手があなたの許しを受け入れるかどうかは関係ない。とにかく相手を許して自由になることが重要なのだ。

肉親や友人、知人、上司、部下、同僚などについて考えてみよう。あなたはその人たちのうちの誰かに恨みを抱いていないだろうか？　どんな恨みであれ、それを捨てて、前を向いて歩こう。もちろん、それは簡単とはかぎらないが、実行する価値はある。ストレスが軽減して心身ともに快適な気分になり、新しい機会に恵まれて人生が開けるはずだ。

34 仕事に全力を尽くす

最近、雇用の安定が崩れてきたという話をよく見聞きする。企業のリストラや吸収合併が加速し、多くの労働者は自分の仕事が明日もあるかどうか心配している。この不安は労働意欲の喪失につながり、全力を尽くそうという気持ちを失わせることがある。労働者の立場からすると、「どうせいつか首を切られるのなら、組織に忠誠を誓ってもしかたがない」という気持ちになってしまうからだ。

たしかに、同じ会社に30年以上も働いて退職金をもらって引退するというのはもう過去の話だ。だが、現在の職場で全力を尽くさないために最も苦しむはめになるのは、結局、あなた自身なのだ。

なぜか？　卓越性は習慣の問題だからだ。私たちは習慣の生き物であり、極論すれば、全力を尽くすか適当に手抜きをするか、どちらかを習慣にしている。後者の場合、あなたは自分の雇用の最大の危険因子になっている。**今日、才能と情熱を発揮するのを控えて卓越性を追求せず、明日、全力を尽くせばいいなどと考えてはいけない。**それは大間違いなのだ。

あなたの私生活の習慣について考えてみよう。寝室はどれだけ整然としているだろうか？　もし上着やズボンを脱ぎっぱなしにして椅子や床の上に放り投げているなら、その習慣を改めて衣服をハンガーにかけたり折りたたんでタンスにしまったりすることは難しいだろう。たとえそうしたところで、根本的な心の姿勢を改善しないかぎり、2、3日で元の習慣に戻ってしまうに違いない。

同じことが仕事に取り組む姿勢についてもあてはまる。素晴らしい仕事をするか、適当に手を抜きながら仕事をするか、あなたは日ごろどちらかをしている。

だから、もし日ごろ手抜きをしておきながら安定した仕事を探しているなら、致命的な間違いを犯していることになる。雇用の安定は、ほかならぬあなた自身の努力にかかっているからだ。自分の雇用を安定させる最大の秘訣は、仕事の能力を高め、自分の技術を磨き続けることである。それに加えて、ポジティブな心の姿勢と周囲の人たちとの協調性があれば、あなたの雇用の安定は実現する。

あなたが全力を尽くして努力をしているなら、人びとはそれに気づく。もちろん、それですぐに報われることはないかもしれないが、現在の職場か将来の転職先で有利になる評判を確立することができる。

結論はこうだ。現在の仕事で少しでも手抜きをしているなら、自分の雇用を危険にさらしている。

もし本当の意味での雇用の安定を確保したいなら、次のことを自問しよう。

- 毎日、仕事でこれ以上できないくらいまで力を発揮しているか？
- 他の人たちと協力し、彼らの努力を支援しているか？
- ポジティブな心の姿勢を維持しているか？
- 自分のしていることがどんどんうまくなっているか？
- 今後、自分の分野で重要になる技術を磨いているか？

以上の質問に答えて自分を定期的に再評価しよう。どの質問にも自信を持って「イエス」と答えることができるようになったとき、あなたはどんな不況にも脅かされない本当の意味での雇用の安定を確保できる。

あなたの未来は多くの要素に依存している。
だが、その中で最大の要素はあなた自身だ。

フランク・タイガー（アメリカの著述家）

35 目標に向かって軌道修正する

バスケットボールの試合では、プレーがうまくいっていないときにコーチがタイムアウトをとる。その時点でプレーは一時中断し、コーチが選手たちに指示を出して軌道修正をし、より効果的にプレーできるように配慮する。もちろん、コーチはタイムアウトの中で、すでにうまくいっている部分についても指摘し、ポジティブな行動を強化する。

ここで質問しよう。あなたは人生の中でどれくらい頻繁にタイムアウトをとり、うまくいっている部分を強化し、うまくいっていない部分を修正しているだろうか？

残念なことに、私たちは目標の達成に役立たない習慣に固執しがちだ。人生はたえずフィードバックをしてくれている。その手がかりに気づいて、自分が得ている結果から学び、軌道修正に必要な変化を起こすかどうかは、あなた次第だ。

成功を阻む障害をリストアップした。少しタイムアウトをとって、自分にあてはまるものがないかどうか確認しよう。

①　**目標について明確でない**　あなたの心は目標の達成を求めるから、具体的な標的や画像に最もよく反応する。「充実感の得られる仕事が欲しい」とか「もっとお金を稼ぎたい」といったあいまいな願望は効果的ではない。あなたは達成したい目標を明確にイメージしなければならない。

②　**一度に多くのことを成し遂げようとする**　目標の数が多すぎると、どれも達成できなくなる可能性が高い。エネルギーが分散すると力が弱くなるからだ。主な目標を1つ選び、レーザー光線のようにエネルギーを1点に集中することが、成功に必要な条件である。

③　**行動を起こさない**　高い業績をあげるにはかなりの努力が必要になる。じっとしていて成功が訪れることはない。

④ うまくいかない方法に固執する

新しい製品やサービスを市場に出して計画を実行したとしよう。3カ月たっても結果が芳しくなく、業績向上の兆しが見えなかった。そこでこの計画を見直し、新しい計画を立てて実行することにした。きわめて当然のことだろう。だが、あまりにも多くの人がうまくいかない方法に固執しているのが現状だ。

⑤ 適任者の知識を活用しない

試行錯誤を重ねることで奏功する場合もあるが、その過程で多くの時間と労力を無駄にすることになる。そのかわりに、すでに業績をあげた人の支援や助言を求めれば早く軌道に乗ることができる。特定の問題の解決策についてほとんど知らない友人や肉親ではなく、あくまでも適任者に意見を求めよう。

⑥ 限定的な信念に阻害されている

ネガティブな思考に支配されているかぎり、ポジティブな結果を安定的に得ることはできない。あなたの思考をコントロールしているのは誰か？　あなたである。「自分はできる」という信念を確立しよう。

⑦ ポジティブなインプットが不足している

ポジティブな信念を維持するには、ポジティブなインプットが頻繁に必要になる。元気が出てくる本や雑誌を読み、モチベーションを高めるテープやＣＤを聴き、情熱にあふれた人たちと付き合おう。これこそ、楽天主義を貫き、最高の状態で仕事をするための必要条件だ。

⑧ 問題に取り組むのを拒否している

何年間も待って問題が解決しない場合、あなたはさらに数年間待って違う展開を期待するだろうか？　あなたが変わらないかぎり、物事は変わらない。たとえ一時的な痛みを経験しても、問題に正面から取り組まなければならないこともある。残された選択肢は、何もせずにその問題を抱えたままマンネリで生きていくことだ。

同じことをしながら違う結果が出ることを期待するのはナンセンスだ。うまくいっている部分といっていない部分を検証し、必要な軌道修正をしよう。

いいアイデアがある。今すぐにタイムアウトをとって戦略を練り直し、目標達成のための新しい方法を見つけてコートに戻ろう！

36 変化を歓迎する

変化。多くの人にとって、この言葉はいやな響きを持っているようだ。毛嫌いする人も少なくない。

では、私たちはいったい何を恐れているのだろうか？　それは新しい方向に進んで失敗することであり、人びとに笑われたり認めてもらえなかったりすることだ。たしかにそれはいやなことだが、その恐怖心は克服することができる。

私は人生で大きな変化を経験した。もし弁護士の仕事にこだわり、自己啓発の講演家と著述家にならなければ、あなたが本書を読むことはなかっただろう。私にとって、これは大きな変化だったし、それまで変化に抵抗してきただけにより一層困難だった。リスクが大きすぎて、転身は容易ではなかった。だが、変化を歓迎することによって新しい世界が開けた。現在、私は心から愛する職業に従事し、人生に深い喜びと満足を感じている。

もちろん、あなたもこれほど大きな変化を起こすべきだと提案しているのではない。そういう場合もあるだろうが、そうでない場合もある。それはあなたが決めることだ。また、すぐに大きな変化を起こす必要は必ずしもない。必要なのは、新しいことを試すことだ。それをしないかぎり、自分の潜在能力を最大限に発揮することはできない。

ほとんどの人は、どんな変化を起こせば成功と満足をもたらすことができるかを知っている。ただ、その変化を起こすのをためらってしまっているのが実情だ。これは自然なことである。だが、もし人生で変化を歓迎するなら、次の好結果を得ることができる。

① 自信

ごく狭い範囲内に自分を閉じこめているかぎり、あなたは「自分にはこれ以上のことはできない」と自分に言い聞かせていることになる。当然、あなたの自信は低いままだ。それに対し積極的に変化を起こせば、あなたは自分が思っていたよりもはるかに多くのことができることに気づく。

もちろん、一夜にして自信家になることはできないかもしれないが、新しい分野に積極的に挑戦して成功すると、「自分にはあんなことができた。それなら、こんなこともできるのではないか」と思えるようになる。観客席に座って傍観していては自信をつけることはできない。行動的になって人生の試練を受け入れることによって、あなたは大きな自信を持つことができる。

②

幸福感

変化を起こすことによって、あなたは自分を再発見し、独自の才能を発揮することができる。あなたの本当の力は自分に忠実になって、人生の試練に立ち向かうことの中にある。だが不幸なことに、ほとんどの人は「やめておけ。変化はリスクが大きく、失敗するおそれがある」という偽りの内面の声を聞く。

その一方で、あなたの心の中では別の声が「可能性に向かって前進しろ」と呼びかける。その声を聞き入れるとき、あなたは偉大さを発揮するきっかけをつかむことができる。ポジティブな変化を起こせば幸せと満足が得られるが、変化に抵抗すれば自分の潜在能力を発揮できないままになる。

心理学者のエイブラハム・マズローは「自分がなることのできる自分以下のものになるなら、たいへん不幸な思いをすることになる」と言っている。自分に正直になって、願望を追求する真の内面の声に従おう。

③ 適応力

好むと好まざるとにかかわらず、変化は訪れる。それまで変化を避けてきたなら、変化にうまく対処する準備ができていないかもしれない。それに対し、変化を歓迎することを習慣にしてきた人は、人生の変化に適応できる。嵐を乗り越えてきた人は、自分にそれだけの資質が備わっていることを確信している。

変化に真正面から取り組むことによって、柔軟性と適応力を身につけることができる。変化の中をうまく舵取りすることによって、どんな変化でも自分にとって有益なものと見なし、変化の中に恩恵をもたらす種子を見つけることができる。

④ 新鮮味

人生の楽しさと興奮の多くは、新しい経験から得られる。古いパターンにしがみついていると人生はあまりにも退屈なものになりかねない。卑近なたとえだが、月曜から5日連続で同じ昼食なら、金曜には食事の楽しさをあまり感じなくなるだろう。人生も同じで、変化を起こして刺激を得ることが必要だ。新しい分野に挑戦して新鮮な感動を体験しよう。同じことの繰り返しは退屈だが、変化は新鮮味をもたらしてくれる。

⑤

成長 変化を歓迎しないなら、人間としても職業人としても成長しない。自分の殻に閉じこもりながら、何かを学んで成長することができるだろうか。たえず何かに挑戦することによって潜在能力を開発することができる。自分にできるかもしれないことを考えているだけでは何もできない。自分を試さないかぎり、自分にどの程度の能力があるのかわからない。あなたは恐れているのだろうか？ 試練から逃げていては勝ち目がない。だから行動を起こそう。あなたは学習して成長を遂げ、独自の才能を発揮するために生まれてきた。たしかに、途中で障害に出くわすこともあるだろうが、自分の選択を後悔しないだろう。やがて、変化と成長が楽しくてワクワクし、収穫が大きいことに気づくはずだ。そして次の試練を心待ちにすることだろう。

⑥

自尊心 充実感のある人生を送るうえで、高い自尊心は不可欠である。それに対し変化に抵抗していると自尊心が低くなり、成功の障害になる。あなたは落胆して無力感にさいなまれる。変化を歓迎すると自尊心を高めることができる。なぜなら、恐怖心を乗り越えて前進している自分に自信と誇りを持つことができるからだ。すぐに結果が出るかどうかは重要ではない。重要なのは、人生という名のゲームで積極的にプレーしているかどうかだ。新しい挑戦をするたびに、あなたの自尊心は高まる。

こんなに素晴らしい恩恵を受けることができるのに、なぜ人びとは変化を歓迎しないのか？　答えは恐怖心だ。ほとんどの人は未知なるものに恐れを抱いて行動を起こさない。たしかに、変化の過程は挫折と失敗に満ちているが、あなたはその代償を喜んで払わなければならない。人生は、非凡な信念と粘り強さで前進を続ける人に報酬を与える。

とはいえ、いきなり大きなリスクをとる必要はない。小さな一歩から始めて変化に耐える精神力を徐々につけていこう。とにかく取りかかることが重要だ。私に関するかぎり、変化に抵抗して後悔している人をたくさん知っている一方で、変化と成長の道を歩んで後悔している人を1人も知らない。どちらを選ぶかは、あなた次第だ。

変化の時代にチャンスを見つけるカギは、
変化を歓迎することである。

マイケル・デル（デルコンピュータの創業者、会長兼ＣＥＯ）

企業家は常に変化を探し求め、
適切に対応し、
それをチャンスとして利用する。

ピーター・ドラッカー（アメリカの経営学者）

37 非現実的な目標を持つ

自分に合う仕事をしているとき、社会に貢献するようなアイデアが浮かんでくる。だが、ほとんどの人は心の中で「そんなアイデアはばかげている。非現実的だからやめておけ」という声を聞く。

ここで、「非現実的」という言葉を検証しよう。1961年にジョン・F・ケネディ大統領が公表した「60年代の終わりまでに月への有人飛行を実現する」というアイデアは現実的だったか？　1990年当時、世界中の大勢の人が瞬時にして電子メールを交換するというアイデアは現実的だったか？　クローン羊というアイデアは現実的だったか？

おそらく誰もが認めるとおり、当時、これらのアイデアは非現実的だった。だがその後、それらはすべて実現した。なぜか？　一部の人が大きな夢を見て、そのビジョンを現実にするために必要なことを粘り強く実行したからだ。

少し時間をとって考えてみよう。あなたは「非現実的だ」という理由で目標の達成をあきらめていないだろうか？

非現実的な夢を現実にするための考え方を紹介しよう。

① 夢を見るということは、それが実行できるということだ

宇宙はあなたが現実にできないような夢を見させない。逆に言えば、夢を見たなら、あなたにはそれを現実にできる潜在能力が備わっているということだ。ただし、それが簡単だとは言わない。実現まで何度も挫折を経験し、何年もかかるかもしれない。

② ポジティブな心の姿勢が土台である

心の姿勢がたいへんポジティブで、しかも揺るぎない自信があって初めて、大きなことを成し遂げることができる。

③ 他の人たちがあなたのビジョンを見て感じてくれるわけではない

それはあなただけのビジョンだから、周囲の人たちに理解してもらえなくても失望する必要は

ない。大切なのは、あなたがそれを見て感じることだ。「絶対に無理だ。きっと失敗する」と言うネガティブな人たちとは距離をおこう。あなたはその人たちの承認を得る必要はない。

④ 情熱が不可欠だ

どんなに壮大な目標でも、それを達成しようと意気込んでいる人にとっては可能である。あなたは自分の目標にワクワクしているだろうか？自分の目標にあまり情熱を感じず、たんにお金が欲しくてしているだけだったら、おそらく成功しないし、たとえ成功しても長続きしない。あるいは、他の人が設定した目標をいやいや達成しようとしているなら、結局は失望することになる。

⑤ 課題をやり遂げようと決意している

たしかに、当初はワクワクしている人が多い。だが、彼らは途中で障害に出くわすとすぐに興味を失ってしまう。とくに非現実的な目標の場合、旅は楽しいことばかりではない。目標にいたる過程で困難に直面することが何度かある。だが、課題をやり遂げようと決意している人は、どんなに時間がかかっても初志を貫徹するつもりでいる。夢の実現へのスケジュールをしっかり組んでいて、途中で投げ出すことは選択肢には含まれていない。それこそが、不可能を可能にする心構えだ。

⑥ 日々の進歩はごく平凡だ

非現実的な目標が現実になったとき、その過程を振り返ると、努力の積み重ねによって成し遂げられたことがわかる。だから、毎日の進捗状況を見ると、一日一日はごく平凡に見える。だが、努力を毎日積み重ねることによって、勢いがついて目標にまい進することができる。大きな一歩で山を登ることはできない。

⑦ 保証はない

挑戦的な課題に取り組んで、達成できない可能性はあるだろうか？　もちろん、ある。世の中に絶対に成功するという保証はない。だが、そういう野心的な目標の達成に全力を尽くしたなら、その結果にかかわらず、胸を張ることができる。

あなたは会社を繁栄させるアイデアを思いついたことがあるだろうか？　世の中に貢献

できるアイデアがあるだろうか？　どんな夢でも、それが非現実的であることを心配する必要はない。実際、人びとは「非現実的」な夢をどんどん実現している。

人はみな、もし自分にできることを
すべてしたなら、自分でも驚くほどの
業績をあげることができるはずだ。

トーマス・エジソン（アメリカの発明家）

ネガティブな人から離れろ。
器の小さい連中は
いつもあなたの夢を見くびる。

マーク・トウェイン（アメリカの作家）

38 アイデアを実行する

創造性のある人なら、アイデアはたえず心の中に浮かんでくる。仕事で生産性を高めたり新しい製品やサービスを提供したりする方法を次から次へと思いつくだろう。

もちろん、難しいのは、どのアイデアを実行に移すかを考えることだ。素晴らしいアイデアを思いつき、それを実行に移すべきかどうか迷ったときの指針を紹介しよう。

① そのアイデアが何度も心に浮かんでくる

素晴らしいアイデアはあなたをワクワクさせて虜にする。あなたはそれを忘れることができず、たえずそれを実行に移す方法を考える。夜寝る前も朝起きたときもそれについて考える。これはアイデアに見込みがある最初の兆しだ。

②

それを周囲の人たちと話し合いたくなる

あなたはそのアイデアに夢中になるあまり、それを同僚や友人や肉親に相談を持ちかける。ただし、すぐに口外せず、しばらく秘密にしておかなければならないこともある。それはあなたが決めることだ。いずれそのアイデアを世間に発表したいという気持ちがあるかどうかが問題だ。

③

一部の人はあなたのアイデアを拒絶する

これは避けられない。誰かにそのアイデアを紹介すると、その人は拒絶反応を示し、「絶対にうまくいかない」「誰かがやってみたけれどダメだった」と言うだろう。これは人生があなたの決意を試している証しだ。落胆してはいけない。拒絶する人がいる一方で、そのアイデアを実行に移すうえで参考になる助言や提案をしてくれる人が見つかるはずだ。その人たちの意見を歓迎しよう。

④

そのアイデアはあなたの才能にマッチしている

あなたの能力が必要になるとき、アイデアは成功しやすい。そのアイデアがあなたにマッチしているという人生からのメッセージである。とはいえ、そのアイデアを成功させるには、自分の能力をもう少し伸ばさなければならない可能性が高い。

⑤ そのアイデアは独創的である

独創性とは、まったく新しいものを考案することではない。独創的なアイデアは既存のアイデアを5パーセントほど変えたものでいい。既存のアイデアのままで同じことをするのは二番煎じだからあまり成功しない。

⑥ アイデアを実行に移すのに役立つリソースが見つかる

素晴らしいアイデアを思いつき、それを実行に移そうという強い意志を持っていると、探しているものは簡単に見つかる。たとえば、そのテーマを扱っている本が見つかったり、導いてくれる人に出くわしたりして手がかりがつかめる。これは偶然ではない。宇宙はあなたが努力を続けるよう励ましているのだ。

⑦ 大きな可能性を見る

素晴らしいアイデアは大きな可能性を秘めている。もちろん、莫大な報酬をもたらすとは保証できないが、好結果を思い描くことができるなら、追求するだけの価値はある。大きな可能性を感じてワクワクするなら、途中で試練に出くわしても乗り越えるだけの粘り強さを発揮することができる。周囲の人たちもあなたの大胆なビジョンに感動して協力したくなる。

素晴らしいアイデアを持っていることとそれを実行に移すことは大違いである。ここでリストアップした基準に合致しているなら、すぐにアイデアを実行に移す準備をしよう。準備もせずに性急に突進する必要はないが、アイデアを寝かせておいてはいけない。すぐに第一歩を踏み出して興奮と勢いを維持することが重要だ。あなたは素晴らしいアイデアを実行に移すことによって自分の人生を変え、社会に貢献することができるかもしれない。

39 自分の心をコントロールする

スポーツの世界で、一流選手は骨折などの重傷を負っていても素晴らしいプレーをするが、ダメな選手はちょっとけがをしただけで弱音を吐く。これはなぜか？　一流選手は痛みを無視してプレーするように心をコントロールする方法を体得しているからだ。彼らは自分に対してポジティブなメッセージを送る。ダメな選手が「けがをしたからプレーができない」と思ってしまうのに対し、一流選手は「なんとしてでもチームの勝利に貢献しよう」と自分に言い聞かせる。

この反応の違いはたんに素質で説明できるものではなく、自分の心をコントロールして自分の意識をどこに集中させるかを学んだことの結果なのだ。

心の力に気づけば、人生の質を高める第一歩を踏み出したことになる。次に必要なのは、ポジティブな考え方と感じ方を習得することだ。大勢の人に役立ったテクニックを紹介しよう。あなたにもきっと役立つはずだ。

① ポジティブな思いで心を満たす

多くの人は日ごろテレビのゴシップ番組を見、新聞の三面記事を読み、悲観的な人たちと交際しておきながら、「なぜ自分はいつも落ち込んで無力感にさいなまれるのか?」と悩んでいる。毎日、ポジティブな文章を読もう。起き抜けがとくに効果的だ。ポジティブなテープやCDを定期的に聞こう。運動しながらでもいい。自分の心をワクワクさせてくれるポジティブな人たちと交際しよう。生活習慣を大幅に変えなければならないかもしれないが、自分の心をポジティブな方向に切り替えるためにはそれは不可欠だ。

② 人生の恵みに感謝の気持ちを持つ

自分の人生で受けている恩恵にたえず意識を向けるとき、ポジティブな考え方と感じ方を維持することができる。誰でも「感謝している」と口先では言うが、それを常に実践し、毎日の最優先事項にしている人はめったにいない。なんらかの試練に直面したとき、自分がどれほど恵まれているかに思いをはせて感謝の気持ちを持つようにしよう。世の中にはあなたより恵まれていない人はいくらでもいる。

③ 心を落ち着かせる

現代社会の特徴は「急げ、急げ」だ。あなたはすっかり緊張し、心の中に不快なシナリオやイメージを思い浮かべる。解決策は心を落ち着かせることだ。心の中が平和になると、ポジティブな気分になる。実用的な方法ではないと思ってはいけない。心を落ち着かせることは仕事でも人間関係でも大いに役立つのだ。フランスの思想家パスカルは「すべての人の不幸は、1人になって静かな部屋で心を落ち着かせて座っていられないことに起因している」と言った。これは真理だ。

環境をコントロールできないことはあっても、試練に対する自分の反応はコントロールできる。結局、自分の考え方と感じ方は自分で決めることなのだ。自分の心をポジティブに維持することを訓練しよう。そうすれば、どんなことが起きてもうまく対処できるようになる。

40 一時的な後退を恐れない

成功とモチベーションに関して、目標に向かって常にまい進しようと言われることが多い。だが、道はそんなに平坦ではなく全速力で突き進むことができるとはかぎらない。一時的に退いて、そこから勢いをつけて前進することも必要である。

前進する前にかなり後退した人といえば、元プロバスケットボール選手のボブ・ロウブがすぐに思い浮かぶ。彼は60年代から70年代にかけてシカゴ・ブルズに所属し、1試合20得点をあげるスター選手だった。しかし、当時は今日ほど年俸が高くなかった。ボブは引退して職を探し求めたが、そのとき大きな困難にぶちあたった。

ボブは言語障害だったのだ。数年間、アルバイトをしたあと、大手デパートにあるレストランの皿洗いとして時給約4ドルで雇われた。プロバスケットの元スター選手が皿洗いをするのは、現在では想像すらできないことだ。

ボブは半年間1日も休みをとらず、一生懸命に働いた。彼の熱心な仕事ぶりはデパートの社長の目にとまった。社長はボブの言語障害の治療費を払った。まもなく、ボブはシカゴ・ブルズの広報部長に就任した。現在、彼は世界屈指の自己啓発の講演家として活躍し、大勢の人に挫折を乗り越えて夢を追求することを呼びかけている。

この原理はスポーツ選手や有名人だけにあてはまるわけではない。私の友人のデーブは約10年間、シカゴでセールスマンとして業績をあげていた。その後、人生に変化を起こすために小さな町に引っ越して最初からやり直すことにした。

数日後、デーブはダンキンドーナツで列に並んで立っていた。すぐ隣にいた女性と話をしたところ、近くでナイトクラブを経営していることがわかった。彼女はデーブが無職であることを知り、ナイトクラブの入場者のＩＤのチェックをする仕事を提案した。

デーブにしてみれば、それまでセールスマンとして高収入を得ていたから、仕事を断ることもできた。だが、彼はどこでチャンスにめぐりあうかわからないと思い、仕事を引き受けた。あるとき、デーブが客と話をしていると、その客が大手の家具会社で働いていることがわかった。彼はデーブに「私の会社で営業職として働かないか」と誘った。

後日、デーブは面接を受けて採用され、セールスマンとして大きな業績をあげた。現在、彼は営業本部長に昇進して活躍している。一時的に後退して、それが功を奏した典型的な例である。

最後に、私自身の例を紹介しよう。弁護士から自己啓発の講演家と著述家に転身する決意をしたとき、新しい方向に進むために大きく後退した。その代償として高収入、安定性、名誉を捨てなければならなかった。だが、それは私の人生で最善の決定の1つとなった。

以上の例から学ぶことができる教訓は次の3つだ。

① チャンスはいたるところに転がっている

チャンスは意外と日常的な状況の中で見つかるものだ。ボブは皿洗いをしていて、デーブはドーナツ店で列に並んでいて、それぞれチャンスをつかんだ。ところが私たちは往々にして、チャンスが目立つ形で華々しく現れると思いこんでいる。だが、現実はそうではない。人生の転機となるチャンスは意外と平凡な形で現れる。

② 謙虚な姿勢で全力を尽くす

人生の転機を迎えたとき、またはそういう状況に追いこまれたとき、プライドのために自滅してはいけない。多くの人は仕事を辞めたら同程度かそれ以上の収入が得られる仕事に就くべきだと思っている。だが、それは最善の策とはかぎらない。いくらか後退したほうがいいこともあるからだ。「つまらない仕事」というのはない。どんな仕事でも立派な業績をあげることができる。ボブは皿洗いに全力を尽くして社長の目にとまり、デーブは入り口でIDのチェックをする仕事をしていて、その謙虚さが次の仕事に結びついた。

もしあなたが失業中なら、何でもいいから最初の仕事を引き受けるべきだと主張するつもりはない。だが、「完璧」な仕事が見つかるまでじっと待つのは得策ではない。

③ 自分の情熱と価値観に従う

いくらか後退したときに自分が情熱を感じ、しかも自分の価値観と合致していることを見つけられれば成功の可能性はかなり高い。人生は、自分に正直になって本当の願望を追求する人に報酬を与える。

もしいくらか後退せざるをえない状況に直面したら、絶望してはいけない。この項目で紹介した指針について検討してほしい。あなたの後退は大成功をおさめるまでの一時的なものかもしれない。

41 逆境にくじけない

うまくいっているときにポジティブでいることはたやすい。だが、問題に直面したらどうなるか？　あなたのポジティブな心の姿勢はすぐに萎えてしまうだろうか？　逆境に見舞われたとき、ほとんどの人は落胆してネガティブなことを考える。だが、それはますますネガティブな思考につながり、ますますネガティブな感情を生み、結局、ますますネガティブな結果を招く。

もっといい方法がある。問題に直面したからといってポジティブな心の姿勢を失う理由はどこにもない。問題を好機と見る選択肢もある。ピンチはチャンスであり、学習経験であり、成長のための試練なのだ。

ここでお断りしておく。ポジティブな面など想像もできないほどの苦しみや悲劇を経験した人もいるかもしれない。私はそういう人には無理にポジティブに考えることを勧めるつもりはない。だが、問題に直面したときに心を開いて打開策を見つけることは不可能ではないと指摘しておきたい。

人生のネガティブな出来事は飛躍のための好機だ。わかりやすい例で言うなら、電車に乗り遅れたときに不運を嘆くのではなく、次の電車で大切な人に出会うチャンスをつかむことも可能だということだ。

多くの人は「すべての逆境には、それと同等かそれ以上の恩恵の種子が隠されている」という自己啓発の大家ナポレオン・ヒルの名言を知っているはずだ。この考え方を自分の人生に応用する方法がある。あなたに役立つ指針をいくつか紹介しよう。

① 脳の思考回路を転換する

問題をネガティブで不快なものと結びつける思考回路を断ち切って、「問題イコール好機、学習経験、成長のための試練」と考えよう。いったんこの思考回路をつくったなら、あなたは仕事と人生で驚異的な違いに驚くことだろう。一見したところネガティブな出来事が起こっても、すぐに「この出来事の恩恵は何か?」と考えることによって実際にその恩恵を受ける。

② **早く気持ちを切り替える** 重要な顧客から取引を停止されたら誰でも悲しい。不幸な事態に見舞われたときに大喜びをして歌を歌うようなことは不可能だ。泣き叫びたいときはそうすればいい。要は、いつまで悲しみに浸っているかということだ。最終的に、ネガティブ思考は決して役に立たない。成功するためには、できるだけ早く気持ちを切り替えてチャンスを探すことが不可欠である。人生ではダウンすることは問題ではない。問題は、いつまでも倒れたままでいることだ。

③ **ネガティブな出来事から受けた恩恵を振り返る** 今度はあなたの番だ。これまでの人生で、ネガティブに見えた出来事が起きたおかげで恩恵を受けることができた事例を3つ書いてみよう。すぐには答えられないかもしれないが、事実関係を整理しながらじっくり考えるといい。最初は気落ちしたが、そのおかげで成功した経験が必ず見つかるはずだ。

今後、ネガティブな出来事が起こっても、あなたはもう気落ちする必要はない。不平を言ったり不運を嘆いたりするのではなく、前方に広がるポジティブな道を探し求めよう。現状の中にポジティブな側面を見つけるのは時間がかかるかもしれない。だが、ここで紹介した原理を確信すれば、あなたは必ず恩恵の種子を見つけることができる。

覚えておこう。逆境は成長の糧である。時にはそういうこともあるというのではなく、常にそうだ。

42 チャンスに備える

多くの少年と同様、私はリトルリーグでプレーしていた。二塁手として守備は多少うまかったつもりだが、バッティングはからきしダメだった。デッドボールを恐れていたからだ。そんなわけで、ピッチャーが振りかざすと私はいつも腰を引いてしまっていた。

リトルリーグ時代の屈辱的な出来事は今でも忘れない。打順が回ってきたとき、打席に立ってリーグ屈指のピッチャーと対決した。豪速球を投げてきたとき、思いっきりバットを振った。するとボールはライナーで外野まで飛んでいき、右中間を抜けた。はっきり言って驚いた。こんな快音を経験したことが一度もなかったからだ。無我夢中で走った。ボールはかなり遠くまで飛んでいったから、外野手の返球が間に合うはずはなかった。ゆっくりベースを回ってもランニングホームランになるはずだった。

ホームベースに到着するとチームメイトは大喜びした。彼らも私のバッティングに驚いていた。私は有頂天でダッグアウトに向かおうとした。ところがそのとき、キャッチャーが私の背中をタッチした。振り向くと、彼はボールを手にしていた。

主審が大声で言った。「アウト！　君はホームベースを踏んでいない」。

なんと残念だったことか。しかもあんなに恥ずかしい思いをしたことがない。ランニングホームランだったはずが、タッチアウトになったのだ。さらに情けないことに一塁の塁審が近寄ってきて「君は一塁も踏んでいなかった」と言った。

なぜこんなことになったのか？　打球の方向と距離からすれば軽くランニングホームランになっていたはずだ。結局、問題は自分がヒットを打つことを予想していなかったことにあった。だから実際に打ったときに心の準備をしていなかったのだ。

自分の期待感があまりにも小さいとき、自分にめぐってきた幸運をつかむことができない。それを念頭において、チャンスを最大限に生かす2段階の指針を紹介しよう。

① 心の姿勢を改善する

リトルリーグ時代、私の心の姿勢はネガティブだった。いつも自分に「バッティングはダメだ」「たいしたヒットを打てるはずがない」と言い聞かせていた。その結果、その思いこみが現実になり、私はほとんどヒットを打てなかった。あの日、外野まで打球が飛んでいったとき、私はあわてふためいて一塁とホームベースを踏み忘れてしまった。低い期待は失望するような結果につながるという証しだ。

現在、あなたは人生のなんらかの分野で自分にネガティブなメッセージを送っていないだろうか？　もし心当たりがあるなら、すぐに自分の心の姿勢を改善したほうがいい。そうしないかぎり、あなたはいつまでたってもその分野で低い状態にとどまることになる。

②　準備をしておく

ポジティブな心の姿勢だけではチャンスを最大限に生かすことはできない。次の重要なステップは準備だ。私はヒットを打つことを期待していなかったから、ベースを回るテクニックを研究していなかった。ベース間ランニングは特殊な技術だから練習しておく必要がある。もしそれを練習していたなら、ヒットを打ったときにうまく対処できたはずだ。

同じことが仕事についてもあてはまる。たとえば、ジョンがセールスマンとして成功していて、営業部長に昇進する可能性があるとしよう。彼はどんな技術を身につける必要があるだろうか？

まず、会議でうまくプレゼンテーションできるように人前で話す練習をしておく必要がある。

次に、スタッフはさまざまな性格の持ち主が集まっているから、彼らをうまく導いて管理する技術が求められる。関連書を読み、セミナーを受講し、成功している先輩に指導してもらう必要がある。もし準備を怠ったなら、チャンスがめぐってきたときにそれを最大限に生かすことができない。あるいは、チャンスをつかむことすらできないかもしれない。

では、ジョンはいつ準備を始めるべきだろうか？　できるだけ早いうちにすべきだ。そうすることによって、自分が昇進するに値する人物であることを実証できる。

以上をまとめると、こうなる。素晴らしい心の姿勢と徹底した準備の２つの条件がそろっていれば、いくらでもホームランを打つことができる！

43 自分の心の姿勢からまず変える

心の姿勢に関する講演が終わると、会場の誰かが私に近寄ってきて「心の姿勢の重要性についてはまったく同感です」と言った。そして「この講演を母にも聞かせてやりたいくらいです。母はとてもネガティブで、私もほとほと困っています」と付け加えた。

私はこういう経験を何度もしている。具体的な相手は違ってもパターンはほぼ同じだ。人びとは配偶者や子ども、友人、上司、部下、同僚など、誰かの心の姿勢を改善したがっている。

一見したところ、誰かがポジティブになるのを手伝うことは親切であり、崇高な行為にすら見える。だが、それは皮相な見方である。私が発見したのは、誰かの心の姿勢を改善しようとする人は、なんらかの理由があってそうしているということだ。たしかに、彼らは相手を助けたいと思っているのだが、たいていの場合、動機はそれ以外にもある。

他の人の心の姿勢を改善しようとする人は、自分の精神的成長から目をそらすためにそうしている。言い換えれば、他の人の心の姿勢を変えるのに時間と労力を使うことによって、自分の心の姿勢を変えて成長するのを先延ばしにしているのだ。

自分の心の姿勢を改善したいと思っていても、たいていの場合、そんなに簡単にできることではない。私は人生で次の2つの課題が最も難しいと考えている。

・他の人の心の姿勢を改善すること
・自分の心の姿勢を改善すること

あなたは他の人の成長をコントロールすることはできないことを肝に銘じるべきだ。ところがどういうわけか、私たちは自分の心の姿勢を改善することなく、他の人の心の姿勢を改善したがる。たしかに、他の人が心の姿勢を改善すれば、その人がより成功して幸せになることができる。だが、他の人の人生はその人の人生であって、あなたの人生ではない。私たちは他の人の考え方と行動を尊重しなければならない。

他の人の心の姿勢を改善しようとすることによって、あなたは自分の成長を怠り、結果的に自分の成功を阻んでしまっているのだ。

この時点で、あなたは「自分の成長を怠るようなことをわざわざするはずがない」と思っているかもしれない。だが、あなたは自分の成長を恐れ、そのために現状にとどまって安心しようとしているのだ。

誤解しないでほしい。他の人を助けるのをやめるべきだと主張しているのではない。ポジティブなメッセージを共有して相手がよりよい人生を送るのを手伝うことは素晴らしいことだ。大いにすればいい。ただし、相手が心を開いてあなたの意図をくみとろうとしないなら問題が発生する。それでも無理に相手の心の姿勢を改善しようとするなら余計なお節介になり、双方にとって利益にならない。

頼まれもしないのに他の人の生き方を変えようとしていることに気づいたら、あまりやりすぎないように気をつける必要がある。そういうことはほどほどにすべきだ。

次に、自分の生き方に意識を向けよう。自分を前進させる思考、感情、行動を心がけるべきだ。自己変革の旅の途中で恐怖を感じることがあるかもしれないが、それに立ち向かって変化を歓迎する勇気を持とう。

自分の心の姿勢を改善することに集中し、それを行動に移すとき、素晴らしいことが起きる。**周囲の人たちの心の姿勢を改善するだけの影響力を持つようになるからだ。**言葉だけでは周囲の人たちを説得することはできないが、あなたがそれを実践することによって周囲の人たちはあなたの変化を感じとり、自分もそれを実践して同じ恩恵を受けたいと思うようになるのだ。

誰もが世の中を変えようとするが、
自分を変えようとする人は
どこにも見当たらない。

レオ・トルストイ（ロシアの作家）

44 人まねをしない

「まねっ子」。これは主に小学生の間でネガティブな意味合いを持って使われる言葉だ。独創的ではなく、誰かがしたことをまねると批判される。大人になるにつれて、人のまねをすることを別の言葉で表現するようになる。「二番煎じ」というのがそうだが、それもだいたいネガティブな意味合いを持っている。

ところが自己啓発の分野では、人のまねをすることが奨励されている。たいてい「模倣」と呼ばれ、だいたいポジティブな意味合いを含んでいる。言い換えれば、成功者がしているのと同じことをすれば、あなたも成功するということだ。とくに自分と同じ分野で成功している人を見つけ、その人がしていることを模倣すれば、同じように成功するという理屈である。

なるほど、それは理屈にかなっているようだが、1つだけ問題がある。「まねっ子」が成功者と同じレベルの成功をおさめることはめったにない。ただし、誤解しないでほしい。成功者が実践している成功原理を実践することは常に有益である。ポジティブな心の姿勢や粘り強さ、高潔さ、責任感、勇気などは、誰にとっても役に立つ。

これらの資質を模倣することは賢明である。だが、誰かと同じ特定の行動を模倣しようとしても、あなたはその人と同じ結果を得ることができない。不思議に思うかもしれないが、それは事実なのだ。

具体的に説明しよう。ある会社のトップの営業マンAは他のどの営業マンよりも際立って成績がよかった。見込み客に電話かけをし、自分が作成した応答マニュアルに従って商談の約束を取り付けていた。では、このマニュアルをもとに同じことを別の営業マンBが実行したら同じ結果が得られるだろうか？　たしかに多少は成績が向上するかもしれないが、おそらく同じような結果は得られないだろう。なぜか？

成功とは、たんに何かをするだけのことではないからだ。成功には精神的な要素が含まれる。人によって自信の度合いや自尊心の度合いも異なる。才能や興味も異なる。雰囲気も異なるので、相手もそれを感じとってそれなりの対応をする。

成功は、その人の内面が表に現れたものだ。**「自分は成功する」と信じず、成功者と同じポジティブな感情を持っていないなら、彼らの言動をまねるだけで同じような成功をおさめることはできない。**あなたは自分の信念と感情に合致する結果を得る。これは避けることができない。もし営業マンBが「自分は成功する」と信じていなかったり、「自分は成功に値しない」と感じたりしているなら、彼は自分のネガティブな信念を裏づける結果を得る。たとえAと同じ言葉を電話口で使っても、相手は本人が自分を信じていないことを感じとる。その結果、見込み客はAとは商談の約束をし、Bとは商談の約束をしない可能性が高い。

他の人のまねをすることが得策ではない理由がもう1つある。他の人のまねをするとき、あなたは自分の個性を圧殺しているからだ。自分の個性を前面に押し出し、自分の才能を発揮するとき、あなたは自分の潜在能力を最大限に発揮することができる。**誰かのまねをしているとき、人びとはあなたが本物ではないことを見抜く。**具体的な違いまではわからないかもしれないが、どことなく不自然さを感じるのだ。

それに対し自分の個性を前面に押し出して自分の才能を発揮するとき、人びとはあなたに好感を抱き、取引をしたくなる。とくにあなたの個性に関しては、誰も歯が立たない。自分の持ち味を生かせば、自分に合ったチャンスを引き寄せることができる。それは誰かのまねをするよりはるかに重要なことである。

成功者のしていることを完全に無視すべきだなどと言っているのではない。成功者から何かを学ぶことはできる。先ほどの例で言うと、BはAのやり方を参考にしたうえで、自分のやり方を編み出していけばいい。そうすれば自分の持ち味を生かすことができる。

ぜひとも、あなたは他の人たちの知恵と経験を活用すべきだ。成功者のポジティブな心の姿勢と信念をまねることは素晴らしい。だが、行動を起こすことに関しては、自分らしくしよう。自分の持ち味を生かす勇気を持てば、大いに報われるはずだ。

あなたは世の中に貢献したいか？
それなら、自分らしくあれ。

ラルフ・ワルド・トライン（アメリカの哲学者）

45 快く与え、快く受け取る

私たちは幼いころから「受け取るより与えるほうがいい」と教わってきた。つまり、受け取ることは利己的な感じがするが、与えることには気高さが感じられるということだ。「与えよ、そうすれば与えられる」という聖書の言葉には深遠な真理が含まれている。実際、与えることは受け取ることの必要条件だ。

とはいえ、受け取ることを過小評価してはいけない。**成功を最大化して人生をぞんぶんに楽しむためには、与えて、しかも受け取る方法を学ばなければならない。**与えて受け取ることによって人生の質を高めるための強力な指針を紹介しよう。

① 与えることを拡大解釈する

一部の人は与えることをお金の面からのみとらえる。実際、多くの人は立派な目的や組織のためにお金を寄付する。だがそれだけではなく、ボランティア活動のために時間を与えることもできる。若者のために自分の経験を与えることもできる。そしてさらに、与えるための最も重要な方法の1つである、相手の話に耳を傾けることも見落としてはいけない。

② 与える精神について考える

あなたは何かを与えるとき、素早い見返りを期待し、いやいや与えていないだろうか？　与えることの喜びを追求し、進んで人びとに奉仕するという気持ちが大切だ。見返りを期待せず、素直な気持ちで与えるとき、長い目で見ると、あなたは多くの恩恵を受け取る。

③ 親切な行為を心がける

一見すると些細な親切を見落としてはいけない。レジ係へのほほ笑み、同僚への励ましの言葉、などなど。これらは与えるという意義深い行為である。平たく言うと、与えることはお金を寄付することに限定されるのではないということだ。だから、与えるという行為を比較して、その優劣を判断してはいけない。誰かの1日を少し明るくする機会を活用しよう。

④ 欲望をむき出しにしない

ともすると、私たちは与えることを怠り、受け取ることに執着してしまいがちだ。とくに、助けを必要としているときにそうなってしまいやすい。たとえば、失業して職探しをしているときがそうだ。自分に何をしてもらえるかが関心の的になり、自分がどんな貢献をするかを忘れがちになる。人脈づくりや同僚や顧客との付き合いの際には、自分がどれだけ受け取るかではなく、自分がどれだけ貢献するかを考えよう。助けが必要なときは求めればいいが、人びとは、受け取る人より与える人を助けたがることを肝に銘じよう。

⑤ ノーと言うことによって自分に与える

与えることに関する最後のアドバイスは意外かもしれない。実は、自分に与えることも重要なのだ。私たちは誰かに助けを求められたら助けなければならないと思いがちだが、それは必ずしもそうではない。いろいろな人の要求に従うことによって、あなたは疲れ果てて燃え尽きてしまいかねないからだ。時間と体力が足りないと感じたときは、相手の要求を断ってでも自分を大切にするほうが得策である。

以上が与えることの基本的原理である。では、それと同じくらい重要な受け取ることについて考えてみよう。

⑥ すべてのほめ言葉を喜んで受け取る

一部の人は惜しみなく人をほめるが、彼らはほめ言葉を受け取ることについては不得手で、それを拒絶することがよくある。誰かが「あなたは素晴らしい業績をあげましたね」とほめると、「いいえ、たいしたことはありません」と答えてしまう人があまりにも多いのが現状だ。今後、誰かがほめてくれたときは、素直に「ありがとう」と言おう。「あなたはこの世でいちばん素敵な人です」と言われたら、その真偽について論じてはいけない。「ありがとう」と言って快くほめ言葉を受け取ればいいのだ。ほめ言葉を拒絶するとき、あなたは与えることの喜びを相手から奪ってしまうだけでなく、自分の価値と自尊心を損ねることになる。

⑦ すべての物質的な贈り物を喜んで受け取る

もし誰かが無条件で贈り物を差し出したら、それを受け取ろう（ただし、職場によっては贈り物を受け取ることを禁止していることがあるので、その場合は慎重さが必要になる）。相手に与えることの喜びを与えよう。彼らは与えるという行為によって満足感を得たがっているのだ。それだけでなく、彼らはあなたがその贈り物に値すると思っている。自分の価値を認めて贈り物を喜んで受け取ろう。

⑧ すでに受け取ったものに感謝する

簡単に言うと、感謝の心は受け取ることを促進する。すでに受け取ったものに感謝すればするほど、今後、ますます多くのものを受け取る。だから、自分が人生で受け取ってきた贈り物を当然のことと思ってはいけない。健康や愛する人、所有物など、日ごろ、それらの人やものに感謝の気持ちを持てば持つほど、ますます多くのものを受け取ることになる。

⑨ 受け取ることは忍耐力を必要とする

気前よく、しかも明るく与えていれば、いつか受け取ることができる。残念ながら、それがいつ実現するか、どこで与えられるかはわからない。宇宙は予想を超えた形であなたに与える。あなたが与えた人が、あなたにお返しをしてくれるとはかぎらない。だが、与えるという行為はブーメランのように自分に戻ってくることは間違いない。長期的視点に立つと、あなたは与えてきたのと同等かそれ以上のものを受け取ることになる。

ロバート・シュラー牧師は「何かを与えれば、それは必ず返ってくる」と言っている。私も同感だ。与えることは素晴らしい行為である。実際、人生の本当の喜びは、他の人たちに奉仕することによって得られる。それは人びとの暮らしに貢献したという満足感を与えてくれる。だが、人びとに与えるのと同様に受け取ることも大切だ。私たちが受け取ることによって、相手は与える喜びに浸ることができる。

快く与え、快く受け取ることを心がけよう。それは充実した幸せな人生の秘訣である。

私たちは受け取ることによって生計を立て、
与えることによって人生を築く。

ウィンストン・チャーチル（イギリスの政治家）

毎日、自分が受け取っている以上のものを与えよう。
自分が期待されている以上のものを
与えることができれば、成功はほぼ間違いない。

オグ・マンディーノ（アメリカの作家）

46 目的地に着く過程を楽しむ

子どものころ、一家でよく自動車旅行に出かけた。南部の州には何度も行ったし、国境を越えてカナダに行ったこともある。車を運転するのはいつも父で、母は助手席に、私と兄は後部座席に座っていた。私は長旅が始まるとすぐに「いつ目的地に着くの？」と父に質問した。

そんなとき、父は「今、出発したばかりだから目的地に着くのはずっと先のことだ」と答えた。しばらくたつと、私はまた同じ質問をした。もちろん、最終的にはいつも無事に目的地に到着した。私は忍耐力が少し足りなかったように思う。

最近、人生の目標について考えていたとき、自分が「いつ目的地に着くのだろう？」と考えていることに気づいた。あなたも人生の目標を考えながら私と同じことを考えていないだろうか？　たぶんあなたは特定の目標を達成するために一生懸命にがんばってきたのだが、まだそれが現実になっていないだけかもしれない。

もしあなたがそういう状況におかれているなら、いくつかの指針を紹介しよう。

① 自分の情熱を再点検する

あなたは目標を達成するのに今でも情熱を燃やしているだろうか？　もしそうなら、まい進し続けよう。だが、情熱を失ってしまったなら、歩んでいる道を再点検すべきだ。表面を取り繕うことはできるが、自分の本心を偽ることはできない。もし毎日がつらく、あまり満足感が得られないなら、心身ともに疲れ果ててしまうだろう。とはいえ、目標にいたる過程が常に楽しいと主張しているのではない。そんなことはめったにない。だが、もし1日の終わりにいつも「こんなことをするのはいやだ」と思っているなら、変化を起こすことを考えよう。

② 途中の景色を楽しむ

私は子どものころの自動車旅行で、目的地までの距離を示した標識に気をとられるあまり、途中の美しい景色を楽しむことができなかった。人生についても同じことが言える。最終結果に意識を向けすぎていると、日々の素晴らしい瞬間を見落としやすい。一家の団らんや日常生活で経験する喜びに対する感謝の気持ちが薄れてしまう。目標の追求のためにバランスを欠かさないようにしなければならない。

③ 自分が旅してきた距離を評価する

私たちは自分がまだできていないことに意識を集中してしまい、自分がすでに達成した多くのことを忘れがちだ。もし野心的な目標を持っているなら、その過程で大きな業績をあげてきたはずだ。5年、10年前の自分を思い出してみよう。2年前の自分でもいい。それから現在にいたるまでに身につけた技術や影響を与えた人たち、成し遂げた業績について考えてみよう。

④ 忍耐を重ねる

自分を心の底から信じているなら、自分が取りかかったことをやり遂げるまで努力を積み重ねるはずだ。俳優のウィリアム・メイシーを例にとってみよう。1997年、彼は映画『ファーゴ』でアカデミー助演男優賞にノミネートされた。メイシーは25年以上も主に舞台で活動を続け、47歳にしてようやく脚光を浴びた。役者生活をやめようと思ったことも何度かあったという。現在、彼のもとには出演のオファーが殺到している。あきらめずに忍耐を重ねよう。

⑤ 目的地に着いても幸せになれるわけではないことを知っておく

多くの人はここで勘違いしてしまう。仕事の目標を達成することに意識を向けるあまり、目標を達成すればすぐに幸せになれるという見当違いなことを考えてしまいやすいのだ。だが、目標を達成した瞬間が期待していたような幸福感にあふれていることはめったにない。テニスの名選手マルチナ・ナブラチロワは「勝利の瞬間は、それを期待して生きるにはあまりにも短くてあっけない」と語っている。あなたは目標にいたる旅全体で本当の喜びを経験し、人格をつくり上げる。また、実際に目的地に着いたときに新しい別の目的地を選んで追求しなければならない。

⑥ 毎日、進歩を遂げる

物事が思っていたようにうまくいかないとき、がっかりして落ち込んでしまいやすい。もちろん、それはやむをえないが、数分後には気分を切り替えて目標に向かって前進するためにいくつかのことに取りかかろう。大きな課題である必要はない。取引先に電話をかけるといった些細なことでもいい。そうすることによって、ふたたび勢いづくことができ、規律と行動の報酬を得ることができる。じっとして何もせず、自分を哀れんでいるのは最悪のパターンだ。

⑦

柔軟になって迂回をする準備をする　数カ月先にビジネスの状況がどう変わるかを予測することはたいへん困難だ。だが、これだけ変化が速い時代には新しいチャンスがいくらでもめぐってくるから、それをつかむ準備をしておかなければならない。だから目標を達成する際には柔軟になることが重要なのだ。目標そのものについても柔軟に対処する必要があるかもしれない。タイミングを見計らって路線転換をする勇気を持とう。当初とは大きく異なる路線を選択する必要に迫られることがよくあるが、新しい可能性に心を開いておこう。

⑧

どんなに些細でも、ポジティブな兆しを探す　誰にでもうまくいかない時期はある。だが、それがあまりにも長く続くようなら、戦略そのものを見直す時期かもしれない。たとえゆっくりでも進歩していれば、人生は小さな勝利という形でポジティブな兆しを示してくれる。重要な契約をする、大切な人と出会う、顧客から感謝の手紙や電話をもらう、などなど。これらのポジティブな兆しをきっかけにし、さらに飛躍しよう。

あなたが目的地に着くまでどれくらいかかるかはわからない。イライラが募って「あとどれくらいで目的地に着くのか？」と言いたくなることもあるかもしれないが、気にする必要はない。ここで紹介した指針をもとに長い目で取り組もう。

覚えていてほしい。本当に大切なのは、目的地ではなく旅そのものなのだ。途中の景色を大いに楽しみながら歩んでいこう。

行く価値のある場所への近道はない。

ベバリー・シルズ(アメリカのオペラ歌手)

忍耐力のある者は、
欲しいものを何でも
手に入れることができる。

ベンジャミン・フランクリン(アメリカの政治家、科学者)

47 人にポジティブな影響を与える

私が7歳くらいの少年だったころ、夏休みに父が一家を旅行に連れて行ってくれた。暑い日の午後、父はアイスクリームの店を見つけ、車を止めて買いに行った。

店の前には5人の少年がいて、そのうちの4人はアイスクリームを食べていた。父は残りの1人の少年のところに歩み寄り、「アイスクリームを買ってあげよう」と言った。その少年は「ありがとう」とほほ笑み、「でも今はいいです」と断った。

それは父の親切心からだった。だが、そんなにたいしたことか？

たいしたことだと私は思う。

父の見知らぬ少年に対する親切な言動は、あの日、幼い私の心に強い印象を与えた。それ以来、私の言動はその出来事の影響を受けてきた。

父は別の意味でも私に永続的な影響を与えた。父は相手の社会的地位や経済力にはあまり興味を持たなかった。父は誰にでも親切に接していた。私はその影響を受けて、誰に対しても親切に接するように今でも心がけている。

人びとにポジティブな影響を与えるうえで参考になることを指摘しよう。

① 誰でも周囲の人にポジティブな影響を与えることができる

永続的な印象は日常のふとした瞬間に与えられることが多い。たしかに、偉業を成し遂げることによって永続的な影響を与える人もいる。だが、永続的な印象を与える「特権」は著名人に限定されるのではなく、誰にでも与えられている。

父は「息子よ、人に対する接し方はこうしなさい」と諭したことは一度もなかった。私は父の生きざまを観察して学んだ。それと同様に、人びとはあなたの生きざまを見ている。あなたがそれに気づいているとはかぎらない。これは、あなたが親や子、経営者、従業員など、人生で果たすすべての役割にあてはまる。

② 常に自分の影響を意識する

永続的な印象をつくり出す状況を予測することはできないが、自分の言動がどんな影響をおよぼすかを意識しておくことはできる。

だが残念ながら、私たちは自分の言動が周囲の人たちにどんな影響をおよぼすかを意識せず、習慣にもとづいて行動していることがあまりにも多い。そのような場合、自分の行動が自分の価値観と一致していないことがよくある。たとえば、自分は寛容な精神を持っていると思っていても、自分と異なる意見に対して狭量な態度をとるのがそうだ。

今後、人とのすべての交わりを貴重なものと考えよう。それを肝に銘じることによって、あなたは親切であることを意識的に選んで常に最善を尽くすことができる。

今後、何かをするときは、「自分の行動が相手に永続的な影響を与えるとすれば、どんな行動を心がけるべきか？」と自問しよう。完璧である必要はない。どんなにがんばっても、自分が誇れる行動をとれないこともある。だが、自分の日々の行動が周囲の人たちにおよぼす影響を意識することによって、今までとは異なる選択をすることになる。

③ 波及効果を考慮する

自分の行動が与える永続的な印象を予測することは難しい。

父が見知らぬ少年に「アイスクリームを買ってあげよう」と言ったとき、私は大きな影響を受けた。その親切な態度は、私と接することになるすべての人に影響をおよぼすことになった。これは驚異的なことだ。しかも、それは誇張ではない。父の日常の行動は私の人格形成に影響を与え、それはこの約半世紀で私が接してきた人たちにも影響を与えた。さらに、その人たちは周囲の人たちにその影響を与えたに違いない。それは永続的な波及効果を生じた。要するに、この世の中には些細な行動などはないということだ。些細な行動が人類の歴史を変えてしまうこともありえるのだから。

好むと好まざるとにかかわらず、あなたは周囲の人たちに多くの永続的な印象を与えることになる。あなたが発するメッセージがポジティブであるかネガティブであるかは、あなた次第だ。自分の行動については常に十分な配慮をしよう。もしかすると、あなたは数世代に引き継がれる印象を与えているのかもしれない。

親切な言葉は短くて発しやすいが、
そのこだまは永遠に鳴り響く。

マザー・テレサ（カトリックの修道女）

若いころ、私は利口な人を尊敬したが、
年をとってからは親切な人を
尊敬するようになった。

エイブラハム・ジョシュア・ヘシェル（ユダヤ教の精神的指導者）

48 自分の成長の度合いを測る

本書の読者は自己変革に興味があるはずだ。あなたは5年前の自分とまったく同じではない。程度の差こそあれ、考え方も行動パターンも世界観もすべて違っているはずだ。言い換えれば、あなたは成長し、進化を遂げているのだ。

肉体的な成長であれば、その変化はすぐに確認できる。だが、精神的な成長については進歩の度合いを測定することはそんなに簡単ではない。だが、私は自分の精神的なレベルを推し量る基準を考案した。

次の16の条件の中でどれだけ自分にあてはまるものがあるか数えてみよう。あてはまる条件があれば、素晴らしいことだ。だが、あてはまらない条件があれば、より高いレベルへと飛躍するためにそれを実践しよう。

① 人のせいにしたり言い訳をしたりしない

人のせいにしても問題は解決しない。自分の人生については自分で責任を持つ必要がある。具体的には、自分の心の姿勢、技術、言動、規律だ。

② 過去に固執しない

過去の不快な出来事を振り返っても気分が悪くなるだけだ。それなら、なぜそんなことをするのか？　自分の人生に責任を持つというのは、ある時点で自分の路線を転換することを含んでいる。過去に固執せず、教訓を学ぶことが重要だ。今日、明るい未来を切り開くために行動を開始しよう。

③ 自分の使命に目覚める

自分がなんらかの使命を持って生かされていることに気づけば、今までと違うレベルで生きることができる。あなたは可能性を追求して大胆な行動をとり、旅の途中で導きが得られることを確信する。道を阻む挫折や失望を乗り越える強さが自分の中にあることを知る。

④ 自分を他の人と比較するのをやめる

あなたはもはや他の人の地位や経済力を気

にして自分の成功を判断するようなことはしない。あなたは自分とだけ競争し、毎日、自分の才能を磨くことを目標にする。

⑤ 毎日、感謝の気持ちで生きる

幼いころ、あなたは自分の衣食住について当然のことのように思っていたかもしれない。だが、年をとるにつれて人生の暗い部分を経験するようになった。あなたかあなたの肉親が重病に侵される。早死にした人も周囲にいることだろう。だが、人生の不条理について文句を言うのではなく、自分が受け取ってきた多くの贈り物に感謝をするべきだ。撃墜されて24日間も太平洋を漂流し、奇跡の生還を果たしたエディー・リッケンバッカーの言葉を思い出そう。「十分な飲み水と食べ物があるなら、人間は何についても不平を言うべきではない」。

⑥ 頻繁に笑う

1日に数回、心ゆくまで笑おう。とくに自分を笑う余裕を持つことが重要だ。人生をそんなに深刻に考えてはいけない。顧客や同僚、肉親、友人といるときは大いに笑って気分よく過ごそう。

⑦

何かにワクワクしている 自分の潜在能力をぞんぶんに発揮しているとき、あなたは何かに熱中して生き生きしている。朝、あなたは目的を持って目覚め、1日の活動を楽しみにしている。周囲の人たちはあなたを見てポジティブなエネルギーを感じとり、自分もワクワクするようになる。

⑧

リスクをとる 成長の過程には未知への冒険が不可欠だ。そうすることによって、あなたは自分が達成できることを発見することができる。自分が素晴らしいことを成し遂げることができると感じ始め、それを追求する勇気を持つようになる。何かをしてみようと思っているだけではなく、実際に行動を起こしてやってみよう。

⑨

周囲の人にどう思われようと気にしない あなたは自分の決定について他の人の承認を必要としない。あなたは成長の過程で、たとえ誰かが気に入ってくれなくても、自分にとってベストだと思うことをする。職業選択や人間関係、目標設定について助言してもらうことは必要である。だが、最終的には自分の価値観が決め手となる。あなたの意向を無視して誰かが選んだ人生を歩んでいるかぎり、幸せになれない可能性が高い。

⑩ 正直さと誠実さを重視している

誰も見ていなくても、あなたは正しいことをする必要がある。あなたは個人的にも職業的にも長期にわたる強固な人間関係を築き上げる。それには自分が正直で誠実でなければならない。それは相手に恩恵を与えるだけでなく、自分の利益にもなる。自分が発信したものはブーメランのように自分に返ってくるからだ。だからもし人びとに敬意を持って誠実に接するなら、あなたも同じように接してもらえる。

⑪ 他の人の欠点を直そうとしない

自己啓発の考え方を少しかじったときが危うい。よりよい生き方があることを知り、周囲の人たちにもそれを知ってもらおうとするのはいいが、彼らには彼らなりの生き方があり、それを尊重しなければならない。だから、他の人を巻き込むのではなく、ひたすら自己変革に取り組むべきだ。

模範を示すほうが説教をするよりもはるかに影響力がある。

⑫ 周囲の人を励ます

あなたが人生と仕事で歩んできた道はでこぼこだったかもしれない。だが、あなたがここまで来ることができたのは、周囲の人の支えがあったからだ。あなたも同じように周囲の人を励まさなければならない。

⑬ 大局的な見地に立つ

あなたは一生懸命に働いて物質的快楽を手に入れてきた。だが、あなたはモノよりも自分と自分の愛する人たちの健康と幸せのほうが重要であることに気づく。仕事や家庭での些細な問題のために人生の喜びを台なしにしてはいけない。

⑭ 相手の話に耳を傾け、質問をする

あなたは自分のエゴを抑えることを学んだから、自分がいつも話の中心でいる必要を感じない。自分が話しているときは何も学んでいないことを理解している。だから、質問をして相手から何かを引き出すように会話のバランスをとっている。

⑮ 規律によって充実感が得られることを知っている

体を鍛えるために週に何度か運動する必要があるのと同様、仕事で成功するためには急場しのぎの処置ではなく日々の規律が必要になる。収穫を得るためには努力をしなければならない。あなたは我慢強く努力を積み重ねて何かを習得することで、大きな充実感が得られることを知っている。

⑯ 自分に高い基準を設定する

もちろん、完璧である必要はない。だが、あなたは潜在能力をより多く発揮したいという願望を持っている。あなたは最大の努力をしなければ満足できない。

以上、人生と仕事における成長の過程で重要な16の条件を検証した。これをもとに自分の進歩の度合いを定期的にチェックしよう。ワクワクしながら驚異的な成功をおさめることができるはずだ。

49 流れに身を任せる

「面接がうまくいかなければ、この仕事に就くことができない」
「なんとしてでも、この見込み客と商談を成立させなければならない」
「私の昇進は明日のプレゼンにかかっている」
「もしこの恋人が去ってしまったら、私はもう立ち直れない」

あなたはこれと似たようなことを自分に言った経験はないだろうか？　ほとんどの人が人生のなんらかの状況を「生か死か」という問題に転換する。だが、現実はそうではない。なぜなら……、

たとえ面接がうまくいかず、その仕事に就くことができなくても、よりよい就職先を見

つけて成功することができる。

たとえ見込み客との商談が成立しなくても、もっと大きな商談を成立させる機会はいくらでもある。

たとえプレゼンでしくじっても、さらに努力して業績をあげれば組織の中で昇進することは可能だし、転職先で昇進することもある。

たとえ恋人が去っても、それはあなたにとって最高の出来事かもしれない。もっと素晴らしい恋人が現れる可能性も十分にあるのだから。

子どもは自分の直面する状況を「生か死か」という問題としてとらえがちだ。たとえば試合のメンバーや演劇コンテストの主役に選ばれなかったら、まるでこの世の終わりのような反応を示す。子どもは未熟で人生経験が不足しているから、適切な判断ができないのはやむをえない。だが、大人は適切な判断力を持っているはずだ。それなのになぜ、私たちはたった1回の出来事の結果が生死にかかわるかのような過剰反応を示すのか？

人生のなんらかの局面を「生か死か」というとらえ方をするとき、どんな問題が生じるか検証してみよう。

①

ストレスが増大する

なんらかの状況を「生か死か」という問題としてとらえると、自分の出来ばえについて果てしなく心配することになる。イライラして落ち着かなくなる。睡眠が妨げられる。過去20年間を振り返ってみよう。些細な出来事を大げさに考えたことが何回くらいあるだろうか？　その中で今でも覚えている出来事はどれくらいあるだろうか？　おそらく、1つか2つくらいだろう。それ以外はすべて、そのときは重要だと思っていたことなのに覚えていないはずだ。また、たとえ覚えている出来事でも、生死にかかわる問題ではないことに気づく。冷静に考えよう。ほとんどの出来事は生死にかかわるようなことではない。

たしかに、不安を抱えることによって準備を万全にしようという心理が働くのは事実である。だが、自分を苦しめなくても準備をすることは可能だ。実際、ほとんどの人はストレスを感じない状態のほうがよりよい働きをする。心配したり緊張したりすると、自分のベストを出しきることができない。不要なプレッシャーを自分に与えずに準備ができるような状態を維持することが重要だ。

② 人生の流れに身を任せる

何をするときも最善を期待するのはポジティブな姿勢であり、健全なことである。ところが、結果をコントロールしようとして躍起になると困ったことになる。まず、何が「最善」の結果であるかを的確に予測できるだけの洞察力を持った人はいない。最初はうまくいかなくても、そのあとでもっとうまくいくことも十分にある。時間の経過とともに道が開けて思わぬ展開になり、それが自分によく合っていることもある。人生とはそういうものだという姿勢で最初からいれば、余計な不安や心配をせずにすむ。要するに、人生と格闘するのではなく、人生の流れに身を任せるということだ。

「生か死か」というアプローチは過度の緊張を招き、自分のエネルギーを奪ってしまうネガティブな姿勢である。肩の力を少し抜いて楽な姿勢で人生に臨もう。そのほうが長期的に見ていい結果をもたらす。

50 起こるすべてのことを活用する

あなたは仕事と人生でストレスを減らして、もっと効率的に成功をおさめたいと思っているはずだ。日々のいらだちを乗り越えて、明るい未来を切り開きたいと思っているに違いない。

だが、人生の恩恵を受けるために魔法のランプに頼る必要はない。あなたに必要なのは、1つの重要な考え方である。それは、起きることには必ず目的があるということだ。

この原理から最大の結果を得るために、いくつかの指摘をしておこう。

① 過去に固執したり現状を嘆いたりしない

人生が思いどおりにいかないとき、私たちの最初の反応は怒り・愚痴・落胆である。だが、それが下降スパイラルの発端となり、心の中が暗い思いでいっぱいになり、ますますネガティブな結果を招いてしまう。それに対し、困難には目的があることを認識していれば、心の状態はまったく違ったものになる。現状がなんらかの役に立つ可能性があることに気づき、それをあとで活用しようと考えることができる。

② この原理は問題に限定されない

あらゆる挫折にポジティブな要素を見つけることができるのは事実だが、起きることには必ず目的があるという原理は、ポジティブな経験や中立的な出来事にもあてはまる。たとえば、人脈づくりの会合で出会った人が、あなたにとって重要な存在ではなく仕事の発展につながらないように見えたとしよう。だが、ふとしたきっかけで、あなたはその人と助けあう関係になるかもしれない。

③ 受け身の姿勢でいることは得策ではない

起きていることにはすべて目的があるからといって、じっと座って成功が訪れるまで待っていてはいつまでたっても目標を達成することはできない。どんな場合でも自分で行動を起こし、積極的に働きかけていかなければならない。それにはエネルギーと創造性と多くの努力が必要になる。

④ 双方向であることを認識する

出会う人はみな、自分になんらかの貢献をしてくれると考えがちだ。たしかに、それはある程度正しいが、あなたも人びとに貢献する必要があることを忘れてはいけない。おたがいに対してなんらかの貢献をする方法はたくさんあるが、完全なギブアンドテイクにならない場合も多々ある。あなたが相手から受け取るよりも頻繁に相手に奉仕する関係も時にはあることを覚えておこう。

⑤ あなたは常によりよいものに方向づけられている

仕事をリストラされて、よりよい仕事を見つけることもあるし、1つの人間関係に終止符を打って、はるかに素晴らしいパートナーに出会うこともある。その場合、人生はあなたがもっと多くの満足感を得られるように後押ししてくれているのだ。

これらのすべての状況で、多くの人はよりよい選択肢を拒絶しがちだ。たとえば、リストラされたあとで「いい仕事がない」と文句を言ったり、恋愛が終わったときに「いい異性がいない」と決めつけたりするのがそうである。だが、そのようなネガティブな姿勢では、すぐそばにあるチャンスを見落としてしまいやすい。

⑥ すべてを解明することはできない

起きていることには必ず目的があるという考え方で、人生についてのすべての疑問に明確な答えを出すことはできない。たしかに、この考え方はなんらかの現象をよりよく理解するのに役立つが、解明できない現象は人生にはいくらでもある。しかし、だからと言って、起きていることには必ず目的があるという考え方を全否定するのは賢明な態度ではない。

偶然というのは存在しない。それを確信するとき、あなたは可能性に満ちた新しい世界に入ることができる。問題が起きたとき、「どうして私がこんな目にあうの？」と自分を哀れむのではなく、貴重な教訓を学び、それをもとにチャンスをつかもう。

何かが起きるべきではなかったと悔やんでも意味がない。それはもう起きてしまったのだから。だが、それには必ず目的がある。あなたはそれを活用する方法を考えるべきだ。

51 自分の人生を自分で決める

重要な決定に直面したときに、理想的な人や本を参考にして完璧な解決策を見つけることができたら、人生は至極簡単になるだろう。だが残念ながら、人生はなかなかそう簡単にはいかない。

社内の新しい役職を引き受けるべきか？ この人と結婚すべきか？ このような個別の問題について、あなたのかわりに決定してくれる人や本は存在しない。最終的に、こういう重大な決定はあなたの手にゆだねられている。

最終的な答えはあなたの中にある。とはいえ、それを見つけるのは難しいかもしれない。そこで、人生の重大な問題の解決策にたどりつくための、一般的な指針を紹介しよう。

① 自分の能力に自信を持つ

どんなときでも、あなたが可能だと思う選択肢は、自分が達成できると思うことと直接的にかかわっている。自分の能力に自信がなく、自分が限定的な成功を達成している姿しか思い描くことができないなら、あなたの心はその限定的なビジョンに相当する答えしか見つけ出すことができない。だから、自分にとって可能なことに関する限界を大きく引き上げることが重要だ。そうすれば、はるかに大きなチャンスに気づくことができる。

② 決断力をつける

人生のほとんどの決断は、生死にかかわるほどの問題ではない。だが、多くの人は決断する前にいろいろな要素を考えて停滞しがちだ。それなら1つのコースを選んで前進したほうがはるかにいい。その決断がうまくいかなければ、軌道修正をするか別の選択肢を選べばいいのだ（ただし、配偶者を選ぶときは慎重になるべきだ！）。

事前の調査と計画なしに、性急に行動を起こせと言っているのではない。だが、問題が解決済みの「完璧」な答えが現れるまで待っているのは得策ではない。

③ 自分にとって最善のものを選ぶ

他の人がしてほしいと思っていることにもとづ

いて決定を下すなら、満たされない人生を送ることになる。他の人の目標を達成しても充実感は得られないからだ。あなたの中に秘められている強さと才能は誰にもわからない（多くの場合、あなた自身もそれに気づいていない）。だから自分の心に従うべきだ。まさにそれこそが、最も充実感の得られる解決策を見つける方法だ。

④ 答えは段階を追って明らかになることが多い

人生は1回に1つのピースをあてはめるジグソーパズルのようなものだ。いくつかのピースをつなげていって初めて全体像が見えてくる。あなたをある地点まで連れて行ってくれる答えが見つかれば、それで満足しよう。パズルの一部をつくっていくたびに成長し、次にとるべき適切な行動が見えてくる。

⑤ 直感を信頼する

何かが正しくないと心の中で感じながら、とにかくやってみたことはないだろうか？　結果はどうだったか？　おそらく、あなたは自分の決定を後悔したことだろう。あなたの直感は「何かがうまくいっていない」と警告してくれていたのだ。

⑥ 進んで答えを実践する

多くの人は自分の問題に対する答えを知っているが、その解決策を実践して前進することをいやがる。最善の解決策は試練と障害と不安をともなうからだ。それは支払わなければならない代償だが、長い目で見ればそうしてよかったと思うはずだ。

⑦ 勇気を出す

勇気は、最も強力な答えを見つけてそれを実行することを可能にする資質である。自分の潜在能力の限界を追求し、出てきた答えをもとに行動する勇気を持とう。途中で失敗してもかまわない。勇気を出して行動すれば、人生はますます素晴らしい答えと機会を提供してくれるだろう。

あなたの人生は、自分の強みを発見して生かす旅である。勇気と期待と粘り強さと自分らしさで前進しよう。そうすれば、必要な答えをすべて見つけることができる。

勇気がなければ、
すべての美徳は意味を失う。

ウィンストン・チャーチル(イギリスの政治家)

おわりに

あなたが本書を読み終えたことを祝福したい。今、あなたはより幸せで、より充実した人生を創造するために大きな一歩を踏み出したのだ。

では、ここで重要な質問をさせてほしい。

・あなたは本書で学んだ原理をどう実践するか？
・考え方がどのように変化したか？
・人生でポジティブな変化を起こすために何が必要だと思うか？

私が自分の経験から学んだのは、こういう本は1回読んだだけで最大の恩恵を受けることはできないということである。だから今後、こまめにすきま時間を利用して繰り返し読むことを勧める。

本書はたんなる精神論の本ではなく、新しい行動を提案するガイドブックである。とはいえ、新しい行動を起こすにあたって恐怖を感じることもあるだろう。これは人間の心理である。だが、あなたはそれを乗り越えて前進しなければならない。人生はあなたの勇気と決意に対して報酬を与えてくれるはずだ。

私はあなたと面識はないが、よく知っていることがある。それは、あなたが無限の潜在能力を秘めているということだ。

私はあなたの能力を信じている。挫折しても失望する必要はない。心の姿勢がポジティブであるかぎり、挫折の中に必ず含まれている恩恵の種を見つけ、飛躍のきっかけにすることができる。

あなたの幸せと成功を祈る。

ジェフ・ケラー

あなたを成功に導く方法を伝授しよう

発行日　2016年9月30日　第1刷

Author　ジェフ・ケラー

Translator　弓場隆
Book Designer　小口翔平＋上坊菜々子（tobufune）

Publication　株式会社ディスカヴァー・トゥエンティワン
〒102-0093　東京都千代田区平河町2-16-1 平河町森タワー11F
TEL　03-3237-8321（代表）
FAX　03-3237-8323
http://www.d21.co.jp

Publisher　干場弓子
Editor　藤田浩芳

Marketing Group
Staff　小田孝文　中澤泰宏　吉澤道子　井筒浩　小関勝則　千葉潤子
飯田智樹　佐藤昌幸　谷口奈緒美　山中麻吏　西川なつか　古矢薫
原大士　郭迪　松原史与志　中村郁子　蛯原昇　安永智洋
鍋田匠伴　榊原僚　佐竹祐哉　廣内悠理　伊東佑真　梅本翔太
奥田千晶　田中姫菜　橋本莉奈　川島理　倉田華　牧野類
渡辺基志　庄司知世　谷中卓　伊藤光太郎
Assistant Staff　俵敬子　町田加奈子　丸山香織　小林里美　井澤徳子　藤井多穂子
藤井かおり　葛目美枝子　伊藤香　常徳すみ　イエン・サムハマ
鈴木洋子　松下史　片桐麻季　板野千広　阿部純子
山浦和　小野明美　住田智佳子　竹内暁子　内山典子

Operation Group
Staff　池田望　田中亜紀　福永友紀　杉田彰子　安達情未

Productive Group
Staff　千葉正幸　原典宏　林秀樹　三谷祐一　石橋和佳　大山聡子
大竹朝子　堀部直人　井上慎平　林拓馬　塔下太朗　松石悠
木下智尋　鄧佩妍　李瑋玲

Proofreader　文字工房燦光
DTP　アーティザンカンパニー株式会社
Printing　株式会社シナノ

ISBN978-4-7993-1976-5